U1010236

大国论：

跨越时空的对话

李华平　著

世界知识出版社

图书在版编目(CIP)数据

大国论：跨越时空的对话 / 李华平著. —北京：世界知识出版社，2016.7
ISBN 978-7-5012-5238-1

Ⅰ.①大… Ⅱ.①李… Ⅲ.①世界史—研究 Ⅳ.①D59
中国版本图书馆CIP数据核字（2016）第134694号

责任编辑	罗养毅　狄安略
责任出版	赵　玥
责任校对	陈可望
书　　名	**大国论** Da Guo Lun 跨越时空的对话 Kuayue Shikong De Duihua
作　　者	李华平
出版发行	世界知识出版社
地址邮编	北京市东城区干面胡同51号（100010）
网　　址	www.ishizhi.cn
邮　　箱	2652857746@qq.com
电　　话	010-65265923（发行）　010-85119023（邮购）
经　　销	新华书店
印　　刷	北京京科印刷有限公司
开本印张	710×1000毫米　1/16　22印张
字　　数	300千字
版次印次	2016年8月第一版　2016年8月第一次印刷
标准书号	ISBN 978-7-5012-5238-1
定　　价	36.00元

版权所有　侵权必究

前 言

大国论，顾名思义，就是这样一种研究和思考——它研究一些国家和民族在何种情况下能够成为一个大国、一个强国，而在何种情况下则不可能成为一个大国、一个强国，其背后的道理到底是什么，基本的规律又具体是什么。这种研究与思考，相信对任何一个有梦可做或者正在做梦的民族和国家来说，都具有不同寻常的意义。

正如笔者在别处所多次说明的那样，政治家与思想家们是推动国家与社会进化的两个特殊群体，也可以说叫领头羊，前者诉诸行动，一点一滴地推动着国家与民族的进化，而后者则诉诸理性的思考，对国家与民族的进化进行着不懈的探索，与政治家们一样从事着同样伟大的事业。东方的思想家们如此，西方的思想家们也是如此……

柏拉图、亚里士多德、西塞罗、奥勒留、马基雅维利、霍布斯、孟德斯鸠、卢梭、边沁、柏克、韦伯、托克维尔、罗尔斯、康有为、科斯、汉密尔顿、哈耶克……这些耳熟能详的名字，这些人间最伟大的灵魂，都从其独特的角度，对如何建立理性的人间政治做出了不可磨灭的贡献。

了解这些伟大的灵魂是如何想的，如同了解他们是如何做的，同等重要，甚至是更为重要。毫无疑问，面对面的交流，面对面的对话，是最能触及人类灵魂深处的一种交流。然而，“最伟大的心灵总在独白”，不到万不得已，他们是不会走到公众的面前，而做夸夸其谈的宣讲。作为一名新闻人，笔者跨越时空，把这些伟大的心灵“拉”到自己的面前，以新闻采访的形式，与这些伟大的思想家们进行深入的交流。一问一答间，让人们去体验这些伟大的思想家，为熔炼人间优良政治、打造人间先进文明之国所经历的心路历程。

尼采说，“伟大的思想就是伟大的事件。”叔本华说，“观念主宰世界。”

H·G. 威尔斯说，“全部人类历史从根本上说是思想的历史。”马克斯·韦伯说，“由思想所创造的世界观念经常像扳道工一样，决定着利益火车头所推动的行动轨道。”约翰·洛克说，“实际上，人们头脑中的思想或意象是看不见的力量，时时支配着人们。”

笔者从来不怀疑物质性的东西对于社会发展与进步所具有的基础性作用，但我也素来坚持认为，基础毕竟是基础，而对国家与民族发展最为根本性的东西，则还是那些属于理念性、思想性的东西。从某种意义上讲，一切都是精神与思想的物化，政治也不例外。离开高屋建瓴的理念性的引领与设计，任何国家、任何民族，都不可能成为一个先进民族而崛起世界屹立天下，最多如一些平平常常的家雀野鸟，只能做一些层次不高的低空“飞行”。理念性的东西，先进性的文化，革命性的思想，对于国家与社会的发展始终具有第一位的作用。

笔者无缘政治，也不是什么思想家。天下兴亡，匹夫有责，作为一个普通的中国人，我也在自己的特立独行中坚持了三十余年。我就是一个思想“淘宝者”，如一个金矿勘探者，常年背着各种专业工具，深入深山老林，不畏豺狼虎豹，到处寻找宝藏。我每天把自己浸染在深不见底的思想的海洋里，寻寻觅觅的就是那种醍醐灌顶的感悟。我问心无愧，我一直都是在为国家之强大而探索，为民族之富强在思考。

我们有幸生活在一个政治开明、学术多元的时代。每一个思想者，都应该以天下为己任，都应该为建立一个良好的政治、塑造一个真正的人间大国做出自己应有的贡献。

这是一种庄严的权利，更是一种神圣的义务！

李华平

2016 年 6 月

目　录

第一章

永远的正义

——对话柏拉图

引　子

不知道是出于什么缘故，人类诸多顶级的大哲学家、大思想家均是终生未娶的单身汉，泰勒斯、阿奎那、笛卡尔、康德如此，霍布斯、洛克、斯宾诺莎、莱布尼兹如此，牛顿、帕斯卡尔、伏尔泰、卢梭、休谟、傅立叶、叔本华、尼采、维特根斯坦也是如此。当然，其中也有另类，如卢梭，他虽然终生没有结婚，但身边情人不断，甚至还留下一堆私生子。我们的主人公柏拉图出身名门望族，家境宽裕，加之身材高大，英俊潇洒，本该拥有远胜于一般凡人的美满婚姻。然而所谓浪漫无限的“柏拉图式爱情”其实是根本没有爱情。迄今为止，我也没有收集到与柏拉图有关的绯闻。爱情、金钱、智慧是人生最重要的财富，排除了爱情，自然就会说起金钱，说起智慧，更进一步说起高雅一点的形而上学。

一　明白事理最重要

记者：

从思想者的角度看，我很崇拜您。从普通人的角度看，我很羡慕您。

柏拉图：

你在与很多的学者进行交谈之前都这么说，这话你绝对不是第一遍说。你这话是什么意思？

记者：

你看，对一个学者来讲，最得意的事情莫过于他的书能得到天下人的喜爱。您的书如今已经被人们誉为仅次于《圣经》的经典，被人们看成是全世界知识界的必读之书。人们说，不了解《圣经》，就不了解西方文明。我看，如果读不懂您的书，就不可能读懂《圣经》。您要知道，那《圣经》可是40多位希伯来的作家，用了1500多年的时间写成的啊。

柏拉图：

书不过是人类思想的排泄器具，其功能与马桶、便池之类的东西没有什么不同——喜欢也那样，不喜欢也那样。《圣经》再好，不也是被人们烧了千万遍吗？

记者：

没错。不过，有件事情我一直不明白。《圣经》是靠那些动听的故事来吸引人，而您的书所谈的都是些大道理，一些玄乎乎的大道理，为什么也有那么多人喜欢？看您的书，我有两点感觉，不知对与不对。一个感觉就是头晕，看您的书，宛如进入一个八卦阵，入口在哪，出口在哪，里面各个通道是如何连接在一起的，实在是让人感觉到头疼。另一个感觉还是头晕，您好像就是格老孔（Glaucon，柏拉图的弟弟，《理想国》中主要人物之一）。所讲的那个故事中吕底亚的善于隐身的牧羊人。一会儿，您是您，一会儿，您就是您的论敌。到底哪些是您本人的观点，实在弄不清楚。好像，在大多数情况下，您就是您的敌人，您的敌人就是您。

柏拉图：

你感觉到头晕是有道理的，我写的时候也感觉到头晕。你们中国好像有一个庄子梦蝶的故事，到底是庄子变成了蝴蝶，还是蝴蝶变成了庄子，确实让庄子感觉到头晕。好像是鲁迅写过一个吃鱼的故事，到底是人吃鱼，还是鱼吃人，确实也曾经让鲁迅头晕。天下事，精妙之处，就在于什么都说不清楚。例如，我问你一个最简单的问题，什么叫东？什么叫西？你就说不清楚。

记者：

东就是东，西就是西。

柏拉图：

那是英国诗人吉卜林的话。他的原话是："东就是东，西就是西，二者永远不会有融合的时候。"盎格鲁·萨克森人的后代说不出什么特别深刻的话。你看，地球上你随便取一个原点，你只要沿着东这个方向一直走下去，必然走向西方；你沿着西这个方向一直走，必然走向东方。因此，我们说，天下本无所谓东，人们认为是东就是东；天下本无所谓西，人们认为是西就是西。东就是西，西就是东。这个道理放到南北这个问题如此，放到对错、善恶问题上也是如此。

记者：

我再问您，您写书赚钱吗？

柏拉图：

和你一样，买书自己掏钱，出版书自己掏钱。到今天，我从书中得到的基本上就是心灵上的满足，而没有得到一个子儿。你呢？

记者：

差不多。那您养家糊口的钱哪里来？

柏拉图：

你不要忘记，我的家庭是一个贵族家庭，我的祖父、父亲给我留下不少财产，我自己也糊弄了一些钱财。养家糊口不成问题。

记者：

我看您一辈子也没干过什么像样的营生，一天到晚就是写来写去。我也同样很羡慕您，我除了写书外，还不得不到处找买卖赚钱，心里经常是乱糟糟的，不踏实。我有一个梦，那就是自己早一点能成为一个亿万富翁，生意让合作方去管理，或者安排下属去料理。自己当个神仙，游山玩水，想到哪就到哪，想写什么就写什么。

柏拉图：

你的梦一定会实现的，你人好，心不坏，得道多助，周围好多朋友都想帮你，再坚持两年就行了。

记者：

哈哈！我也相信我能成为一个有钱人。

柏拉图：

钱对于普通人来说实在是太重要了。

记者：

对于我们这些普通人来说，欠债是一个非常正常的事情。

柏拉图：

你是因为做生意老是有三角债吗？

记者：

没错。欠别人钱是一种很难受的事情。如果你的对象是小人，他会采用一切龌龊不堪的手段来要挟你，让你觉得很不舒服；如果你的对象是君子，人家不说话你就心里觉得很难受，比别人还难受。总之，欠债是一个很不好的事情，不到万不得已不要举债。举债这种事情到了一定程度会让你有一种生不如死的感受。我有个江苏老乡，仅仅为欠别人1000多万工钱就上吊自杀了。想想真叫人不寒而栗。

柏拉图：

有了足够的钱，你就不会担心把身后的债务留给家里人，能让家里人过上体体面面的生活，而不至于受到别人的骚扰；有了足够的钱，你就可以随心所欲地安排自己的生活，快乐得像个神仙。有好多人，老是担心自己死后无法还清所有的外债而感到忧心如焚。因此，你有了足够的钱，即便到了你快要离开这个世界的时候，你也不会因为有不少外债没还而惧怕进入不了天堂。这才是一个正义的人生。不过……

记者：

不过什么？

柏拉图：

在我看来，钱财固然重要，但对一个理智的人，明白事理才是最重要的。

记者：

什么事理？

柏拉图：

例如你在上面所说到的“正义的人生”中的“正义”就是一个非常大的“事理”。当然，什么是国家？什么是社会？这些都是。如果我们把这些问题搞清楚了，哪怕是明白个皮毛，我看都比拥有万贯家财还要重要得多。

记者：

对于人生，最有意义的大体上分成两大要素：一类如财富、名望，这些东西是流动的，因而也是暂时的，非永恒的东西；一类如知识、智慧，这些东西虽然不能说是永恒不灭的，但也不是暂时的流动性的东西。对这些东西，一个都不能少，少一个都不是完美的人生。因此，我也建议您不要厚此薄彼。

柏拉图：

你是一个两栖动物，一会儿天上，一会儿地下。在令人窒息的学术生活里你不感到寂寞；在物欲横流的俗世里，你也感到得心应手，没有任何不适应。我做不到，估计一般人都做不到。好像伏尔泰跟你有一拼。不管你怎么说，我就是认为，唯有研究真理、认识真理和相信真理，才是人性中最美好的部分。

二　政治之上当有“天”

记者：

美国政治学者莫蒂默·阿德勒和英国政论家约翰·莫利在他们的学术研究中发现，人类社会的历史虽然上下五六千年，但是支配着人类历史的核心理念则基本没变，万变不离其宗，概括起来就是五六个概念，其中一个概念就是“正义”。我在美国学者威尔·杜兰特《哲学简史》中看到这样一句话……

柏拉图：

什么话？

记者：

杜兰特说：“在这个世界上，只有三件事值得人们去奋斗，这就是：正义、真理和善。”

柏拉图：

夸张了一些，不过也没错。

记者：

所以，我也同意您关于正义的说法，作为一个搞学问的人，必须要把正义的基本内涵研究透彻。否则，其他事情就更加说不清了。

柏拉图：

没错。你我之间如果不把正义的概念搞清楚，谈论任何别的问题都是毫无意义的。搞学问的人要明白，搞政治的人也必须明白。即便是做一个平头百姓，也必须明白。

记者：

是的。在继续探讨正义这个概念之前，我想跟您说说我以前看过的一本书。

柏拉图：

什么名著？

记者：

书名叫《西方法学名著精要》，一些研究法律的教师们编的教科书，算不上名著，极其普通的一本书。与您的《理想国》比起来，简直就是一本小人书级别的读物。

柏拉图：

那你提这本书干什么？

记者：

这本书对您《理想国》的评价也很独特。

柏拉图：

说来听听。

记者：

这本书的作者是这样说的："《理想国》的最重要价值在于，它开创了对国家制度正义问题的系统、深入的研究。而这一点，是其他各民族的文明发展史上所欠缺或薄弱的一点。"他们还说："柏拉图的主要贡献不在于他对这一问题作出的答案……而在于他使人们认识到这一问题的重要性。"他们还说："正是柏拉图所开创的对这一问题的探求，引导着西方文明发展史上众多的思想家孜孜不倦、前赴后继地对这一问题加以思考。他们的思考成果逐渐地成为制度化的现实，使得近现代国家构建越来越趋向合理化，法律越来越多地体现正义"。他们还说：柏拉图关于正义问题的思考，"不仅从理论观念上引导了西方国家制度的逐步革新，它同时也被其他善于学习的民族加以吸收和运用，从而成为世界各民族共同精神成果，成为在世界范围内推动国家制度走向进步文明的强大精神力量。"这些评价应该说够可以的了？

柏拉图：

相当够可以的了！能在你们中国找到知音，我感到三生有幸。在绝大多数人的眼中，政治不过就是强者统治弱者的一些伎俩权术而已，成则王侯败则寇，没有什么规则可言，没有什么道德可言。

记者：

东西南北，古今中外，似乎概莫能外。

柏拉图：

人是万物之灵，如果与动物一样都是奉行那种弱肉强食你死我活的血腥法则的话，那人就与猪狗草虫一样了。在我看来，人间政治应该高于动物间的政治，它应该有一些高层次的原则。

记者：

您在《理想国》中反复论证的“正义”是不是就是这个原则啊？

柏拉图：

正是，正义是政治之本，是国家的立国之本。正义就是悬挂在人间政治之上的那个至高无上的“天”。天命不可违，天道不能践。悖逆正义的政客就是一只只冷血蛇蝎，悖逆正义的政治就是没有灵魂的沙丘，悖逆正义的国家就无异于一堆堆坟墓。

记者：

您说“天命”、“天道”？

柏拉图：

没错，不过，关于“天命”、“天道”的事情就属于更高层次的问题了，我们留到最后再说。

三 正义的本质

记者：

您的《理想国》从头至尾在围绕着“正义”这个概念做文章，我也注意到，被您批来批去的关于“正义”的概念前前后后有七八个。有人说“有话实说”是正义，有人说“欠债还钱”是正义，有人说“把善给予友人，把恶给予敌人”是正义……

柏拉图：

有人说“正义是智慧”，有人说“正义就是强者的利益”，有人把强者与弱者之间的利益平衡看成是正义，也有人把正义定义为“法律的强迫”……

记者：

耶稣说，正义的本质是对弱者的仁爱；尼采说，正义的本质是强者的无畏。您的《理想国》如何定义这个神圣的名词？

柏拉图：

你也是政治学出身，我想先听听你的观点。

记者：

您这人辩论时一向喜欢玩弄反证法，自己不表态，老是让别人先跑到风头浪尖上，您再批来驳去。对您这套做法我早就了如指掌了。我是搞新闻的，职业是记者，习惯于向别人提问，习惯于听别人经纬天下。

柏拉图：

话既然说到这个程度，那我就先说吧。

记者：

太阳终于从西边出了。我不希望您批这批那，我只希望您直来直去说您的观点。

柏拉图：

好吧。正义是什么？我在《理想国》中有多处大同小异的表述，有的地方说，“每个人必须在国家里执行一种最适合他天性的职务”，就是正义；有的地方我说，“正义就是只做自己的事而不兼做别人的事。”

记者：

有的地方您说，“每个人都做自己分内的事情”是正义；有的地方说，“正义就是拥有自己的东西，只干自己的事情”；有的地方您说，“生意人、辅助者和守卫者这三个阶层在国内做各自的事情，互不干扰，就产生了正义，因此国家就成为真正正义的国家了”；有的地方您还说，“国家里的这三种阶层的人各行其是，国家被认为是正义的”。您的这些定义说实话让人激动不起来，感觉好像不是您柏拉图这样伟大的思想家下的定义，太令人失望了。希望您说得更清楚一些。

柏拉图：

请你不要把话说得这么难听，我想问你一个问题。

记者：

您说。

柏拉图：

对于一个国家来说，最重要的东西是什么？

记者：

保障公民的财富，保障公民的自由。

柏拉图：

错误。

记者：

那您认为是什么？

柏拉图：

国家的统一与社会的稳定才是最重要的。

记者：

那如何才能确保国家的统一与社会的稳定呢？

柏拉图：

按正义行事则水到渠成。

记者：

如何才能水到渠成？

柏拉图：

何谓国家，何为社会？

记者：

人组织在一起，就形成国家，就形成社会。

柏拉图：

如果人人之间和谐相处，相安无事，国家会不稳定，社会会不稳定吗？

记者：

关键是，人与人之间如何才能和谐相处？

柏拉图：

问得好。首先一个人要摆正自己在国家和社会中的位置，要知道自己能为这个国家、为这个社会做多少事情。

记者：

怎么讲？

柏拉图：

知道你能为这个国家创造多少财富，你自然就能算出你最多能从这个国家获取多少东西。每个人得到的东西必须少于其创造的财富，否则，这个国家的财富就会越来越少，直至一无所有，弹尽粮绝。

记者：

不劳动者不得食，是不是这个意思？

柏拉图：

正是。其次，要尊重他者。

记者：

如何讲？

柏拉图：

你有生存的权利，别人也有生存的权利。属于你自己的东西，尽情享用；不属于你的东西，不要有非分之想。无论这种东西是官职，是财富，是学术名望，都是如此。一旦你非法侵占别人的利益，复仇女神迟早会把你送上断头台。

记者：

言之有理。

柏拉图：

第三，要学会自我约束，也就是自律。

记者：

自律？

柏拉图：

人与人之间的利益冲突是一个永恒的现象，这种冲突一旦达到极端，就会殃及国家与社会的稳定和统一。因此，每个人都必须学会谦让与妥协，而不能睚眦必报，不能斤斤计较。这就是自律，这就是自我约束。

记者：

这三点组合在一起，就是您所说的正义？

柏拉图：

正是。

四　精英政治与理想国家

记者：

您在《理想国》中为我们描绘的国家确实完美无瑕。我们中国人素来重视“知行合一”，对一个理论体系来说，不仅要好听好看，而且要可行。一个只能诉诸言辞才能建立起来的理想国，与那种毫无意义的空气振动一样，价值有限。

柏拉图：

你的观点亦对亦错。

记者：

什么意思？

柏拉图：

说你的观点对，那是因为作为一个来自于人间事务的理论，必须有利于处理人间所存在的各种问题，这些理论一定要有用。否则，再花哨的理论，也宛如天上的彩云，只能偶尔供人赏一下心，悦一下目而已。

记者：

应该是这样。

柏拉图：

但是你的观点也是错误的，可以说从根本上讲是错误的。

记者：

您必须说清楚。

柏拉图：

三言两语就会让你心服口服。

记者：

但愿如此。

柏拉图：

理论是干什么用的？

记者：

我已经说过。

柏拉图：

你没有说到点子上。理论的核心价值，与大江大河上的灯塔一样，是给人们指路用的，它永远是在前方，引导着人们走向一个个具体的目标。因此，理论虽然是从人类的具体行为中总结出来的，但其中也包含着人们心目中的理想与精神性的追求。因此，理论之所以是理论，就在于它永远超越于人们的具体行为。一个理论，如果不是胡说八道，即便很难，或者说根本不可能完全实现，你也不能否认其价值。

记者：

听起来似乎有理。不说这些了，我想如何在人间构建起您的“理想国”蓝图呢？

柏拉图：

我的“理想国”，毫无疑问是很难实现的。否则，那就不能被称之为“理想”之国了。但是也不是绝对不可能。只要条件具备，也是可能的。水到一定的条件下，也会变成油的。黑乎乎的煤炭到了一定的条件下，也会变成钻石的。男人到了一定的条件下也会变成女人的。

记者：

别玩弄您的变戏法了，直说吧。

柏拉图：

要让“理想国”成为现实，有两个渠道，首选方案是让哲学家成为国家的君主。

记者：

您的意思是不是说，要让作为饱学之士的哲学家和大学者们直接参与政治，成为政治家，担任国家的领导人，运用他们的智慧来管理国家？

柏拉图：

没错啊。哲学家天赋卓越，他们不仅长于智慧，也精通政治之术，而且品行高尚，勇敢大度，博闻强记，且毫无低级趣味，这些人最有资格当政治家，而其他的人只配当个随从和助手而已。

记者：

有这样的人吗？

柏拉图：

有啊，苏格拉底是，你们中国的孔子、孟子也是。

记者：

您是不是在抒发自己的政治情怀，或者说是在抱怨自己政治上的不得志？

柏拉图：

请你不要转移话题。我是我老师苏格拉底的秘书和书记员，一个书呆子，与哲学家、思想家不能划上等号。我一辈子都愿意待在象牙塔里，埋在书本里，在形而上学的海洋里幸福地度过自己的一生。

记者：

误会您了。既然有“首选”方案，那么就应该有“其次”的方案吧？

柏拉图：

当然有。

记者：

是什么？

柏拉图：

其次的一个方案，就是寄希望于我们的君主和统治者具有哲学家的素质，认真而严肃地研究真理，这样一来，智慧与权力就合二为一，有机地联系在一起了。

记者：

还有其他的方案吗？

柏拉图：

真的没有了。智慧与权力的结合是实现理想国家的不二法门，一个人如果仅仅有智慧，或者仅仅有权力，而不能把两者结合在一起，就应该被排除在外。唯有赋予权力以智慧，或者赋予智慧以权力，才能确保我们的“理想国”早日来到人间。

记者：

在我的视野中，我还没发现有哪一位伟大的哲学家同时又是一位伟大的君主。

柏拉图：

《沉思录》的作者马可·奥勒留就是一位，他的哲学素养无与伦比，作为皇帝，他建立起来的功业也是最了不起的。

记者：

还有谁？

柏拉图：

让我再想想，还真的想不出来了。

记者：

您也不用想了，真的没有了。我研究发现，在绝大多数，可以说99.9%的国家里，哲学家们都被人们看成毫无用处的废物，国家不用这些人，普通百姓也不尊重这些人。

柏拉图：

哲学家之所以变成无用之辈，原因不在于哲学和哲学家是否真的无用，而是由时代和国家的无能所造成的。

五　险殇西西里

记者：

哲学家都是大学问家，是吧？

柏拉图：

毫无疑问。

记者：

搞学问的人不能不讲究思想的一致性吧？一个观点，说变就变，不应该是哲学家们干的事情吧？

柏拉图：

你阴阳怪气的，到底想说什么？

记者：

好，那我直说了，我从您的书中发现了很多前后矛盾的地方。

柏拉图：

说说看。

记者：

例如，您一会儿说哲学对国家无用，一会儿又说没有哲学家统治的国家是一个邪恶的国家。再例如，在《理想国》中您把哲学和哲学家的统治视为实现社会正义的唯一路径，但是到了您的《法律篇》中，您又一百八十度大转弯，说什么法律应该在管理者之上，应该是国家的统治者。

柏拉图：

关于你说的第一个例子，我已经说了不少，离开哲学与哲学家，任何一个国家都不可能是一个正义的国家，而是一个赤裸裸的邪恶无限的国家。我说哲学对国家无用，并不是说哲学本身毫无价值，而是说哲学不能被应用于国家的统治之中，因而难以发挥任何作用。从实用主义的角度来看，哲学与哲学家确实是没用的。因此，我的话并不矛盾。你不要鸡蛋里挑骨头，没话找话说。至于你说的第二个例子……

记者：

您如何解释？

柏拉图：

任何一个学者，自然包括你我，都不可能不因应时代与环境的变化而逐步修正自己的观点。时代变了，环境变了，如果还继续死死地抱着老观点不放，那简直就是愚不可及。

记者：

这个道理我懂。

柏拉图：

代表我政治思想的，主要有三本书。

记者：

我知道，是《理想国》《政治家篇》《法律篇》。

柏拉图：

我是在壮年时期写成了《理想国》，在中晚年写成了《政治家篇》，在晚年写成了《法律篇》，《法律篇》更是我的绝笔之作。

记者：

您在《理想国》中高度重视智慧在国家治理中的作用，这一点我没有不同意见。但是，我也想请您解释一下，您为什么处处要贬低法律的作用，竟然断言法律是一种毫无作用的蹩脚货？

柏拉图：

我首先声明一下，这是我早期著作《理想国》的观点。

记者：

我知道。

柏拉图：

当时我的观点是：（1）治国是一种高智慧的活动，只有哲学家才能为之；（2）哲学家国王可以利用自己的智慧解决一切争端，判决一切案件；（3）法律是为一般人的缺陷而制定出来的，哲学家没有这种缺陷，所以法律的存在，会妨碍哲学政治家智慧的应用。基于以上三个理由，所以我提出，国家治理中应该完全排除法律的作用，繁琐不堪的法律是多余的，法律只会束缚哲学家的手脚，就好像是强迫一个有经验的医生从医学教科书的处方中去抄袭药方一样，显然是很荒唐的。

记者：

那您是在一种什么情况下开始对您的“哲学家统治”的治国方略产生怀疑的呢？

柏拉图：

说来话长，我也一直在反思这个问题。这个转变或许与我于公元前 367 年和公元前 361 年的两次西西里之行有关。存在决定思维，存在一变，人的思想必然发生变化。

记者：

您在西西里到底发生了什么事情？让您的生活与思想出现如此巨大的变迁。

柏拉图：

不要急，让我细细回忆一下。我是公元前 427 年 5 月出生在雅典附近的伊齐那岛，我是在 20 岁的时候，大约是公元前 407 年，遇到了苏格拉底，遇到苏格拉底让我一下子意识到以前的人生是多么的荒唐，如今才看到生活的意义。于是我烧掉诗集，毅然决然师从苏格拉底投身于哲学事业。

记者：

苏格拉底的死是不是激发您构筑“理想国”宏伟蓝图的动力之一？

柏拉图：

我爱我恩师胜过爱我的父母。这是我的真心话：首先，我要感谢天地，因为我生就是一个人，而不是一头不能说话的动物；其次，我生就是一个男人，而不是一个女人；我生就是一个希腊人，而不是一个外国人；最后，我自豪的是，我是出生在苏格拉底有生之年的雅典人。在这段期间，雅典发生了很多大事。

记者：

哪些大事？

柏拉图：

先是伯罗奔尼撒战争，雅典惨败；接着是“三十僭主”推翻民主政体，但 8 个月以后又被民众推翻；最后是雅典的民主派以渎神罪之名将苏格拉底处死，时间是公元前 399 年。

记者：

于是您意识到不管是僭主政体还是民主政体，都不可能给雅典带来希望，带来正义。

柏拉图：

通过这几件事，我意识到必须建立一种能够取代民主政体的政治制度，只有如此，正义才有可能。在雅典找不到实施我理论的地方，我可以到其他地方去。

记者：

于是您在28岁那年开始周游列国。

柏拉图：

我从麦加拉出发，经过埃及、居勒尼，最后到达西西里的叙拉古。

记者：

您此次游历前前后后12年时间，等到您回到雅典时，您已进入不惑之年了，也就是说您已经是一个40多岁的人了。听说您在西西里差点丢掉性命，怎么回事？

柏拉图：

西西里叙拉古的统治者名字叫狄奥尼斯，他是一个依靠不正当手段，不是军事政变就是叛乱，而当上君主的人。狄奥尼斯听说我到他的国家游历，他特别热情地邀请我到他的皇宫里做客。

记者：

您去了吗？

柏拉图：

为什么不去呢？我一直在研究政体问题，眼前一个活鲜鲜的僭主体制标本，我要好好研究一下。

记者：

结果如何？

柏拉图：

让我大失所望，回想起西西里的厄运，直到今天我都有一种不寒而栗的感觉。浑身抽筋，肉在不听使唤地跳。

记者：

怎么回事？

柏拉图：

俗话说，人逢知己千杯少，话不投机半句多。见到狄奥尼斯，我给他阐述僭主体制的种种弊端，想不到这位老兄是一个暴君，混世魔王，他见我对他的统治模式含沙射影地提出批评，竟然勃然大怒，命人把我抓起来，要把我处死。

记者：

这个土包子。不过您也是一个愣头青，对这些混蛋您还说什么真心话，这不是找死吗？您那么聪明，竟然干出这种事情！简单就是天真的幼童，简直就是个没有脑袋的机器人。那您是如何化险为夷的？

柏拉图：

狄奥尼斯的内弟，也就是他妻子的弟弟迪恩倒是个好人，是迪恩苦口婆心的劝阻，才让我逃过一死。但是，狄奥尼斯对我一直耿耿于怀，非得把我置于死地而后快。当时的斯巴达与雅典处于交战状态，斯巴达的外交官访问叙拉古要回国，狄奥尼斯就把我交给斯巴达外交官让他把我带走，并嘱咐他在途中把我杀死。

记者：

您是刚出狼窝又入虎口。

柏拉图：

好在这个斯巴达人不愿意亲手杀死我，他把我又交给当地的爱奎那人。

记者：

爱奎那人对您应该好一点吧？

柏拉图：

否，爱奎那人当时也与我们雅典打仗，如果我一旦被交给那些爱奎那人，不是被处死就会被卖作奴隶。

记者：

您的命好苦啊！

柏拉图：

吉人自有天相，我人好，老天爷自然不会灭我的。

记者：

又出现了什么奇迹？

柏拉图：

我依靠我的三寸不烂之舌，说服爱奎那人不要杀我，经过讨价还价，他们要我花钱买路，否则就让我一辈子当奴隶。这时候我的“贵人”又出现了。我的朋友安尼舍里斯帮我交了钱，赎回了我的自由。到此我才长舒一口气，其后又历经不少磨难回到了雅典。整整12年啦！离开雅典时，我是一个意气风发的年轻人，如今缕缕白发已经挂在我的两鬓。物是人非，往事不堪回首。

六 “第二等好的理想国”

记者：

感觉您不是那种容易伤感的人，听说您回到雅典后，12年颠沛流离、九死一生的经历，并没有击垮你的学术斗志，你不仅创办了欧洲第一所大学，而且撰写了你一生中最重要的著作。

柏拉图：

12年的游历生活，让我意识到，一个国家如果缺乏一套理想的政治制度是多么的可怕，也是多么的可悲！我的《理想国》就是为了拯救这个无助的世界而写的。我相信，只要我们哲学家能够成为人间的政治家，拥有发号施令的权力，就一定能够用智慧把这个世界引导到一个无比美好的境界。

记者：

那您是在一种什么情况下开始对您的“理想国”治国方略产生怀疑的呢？

柏拉图：

我在前面已经跟你提到过，是我后两次的西西里之行，让我改变了我的思想，并促使我修正了自己的治国理论。

记者：

您第一次到西西里吃了那么大的苦，何苦还要往那鬼地方跑呢？这不是明知山有虎，偏往虎山行吗？

柏拉图：

我第二次到西西里的时间是公元前367年，那年我整整40岁，这时候狄奥尼斯已经去世，他的儿子继位成为狄奥尼斯二世。迪恩，也就是狄奥尼斯二世的舅舅，此时已经是大权在握。我是应迪恩的邀请而再次来西西里的，目的是对狄奥尼斯二世进行哲学训练。我一直苦于自己的哲学无人理睬，此刻正好是一个机会。我希望狄奥尼斯二世成为我“理想国”政治理念的实现者。

记者：

您是如此的执着，我相信您定会心想事成的。

柏拉图：

现实总是很残酷，狄奥尼斯二世对棍棒的兴趣要远远超过对哲学的兴趣，他无法忍受哲学的枯燥与辛苦，不久就把我教给他的哲学全部还给了我。穷兵黩武是这些人的共性，唯有屠杀与疆土才会让这些人的眼睛冒光。

记者：

您感到绝望？

柏拉图：

自然是的，更糟糕的是，我在西西里的时候，狄奥尼斯二世与迪恩之间的矛盾也发展到白热化的程度，迪恩被控谋反，遭到放逐。迪恩于是逃到雅典，利用我的雅典学院作为根据地，训练军队，从事推翻狄奥尼斯二世的政治和军事行动。

记者：

迪恩利用您的学院策划反对狄奥尼斯二世的军事训练，狄奥尼斯二世能放过您吗？

柏拉图：

这个心胸狭窄的狄奥尼斯二世怀疑我与迪恩有串联，于是也对我怀恨在心，多次想把我杀死。幸亏我早有察觉，提前采取措施离开了西西里。

记者：

那您六年后，也就是公元前361年又去了西西里干嘛？

柏拉图：

我与狄奥尼斯二世一直保持书信联系，我也希望能够调解他们舅甥之间的矛盾，我第三次冒着生命危险去了西西里，就是为此而行的。

记者：

结果如何？

柏拉图：

涛声依旧。迪恩在公元前357年带领军队打败了狄奥尼斯二世，并将其驱逐出境，自己当了僭主。不过好景不长，三年时间不到也惨死于暗杀。

记者：

如此血腥，让人沮丧。于是您……

柏拉图：

从此我再也没有离开过雅典，在这里我对自己的理论进行系统化的总结与反思。我不得不承认：一点是，在当下的政治环境下，哲学家不能成为政治家；另一点是，政治家也不可能成为哲学家。这种“两张皮”现象将长期存在，不可能在短期内解决。从国家治理的角度来看，哲学家的智慧与知识不可能在国家的管理中发挥独一无二的决定性作用，还必须借助长期形成的法律。我的《政治家篇》和《法律篇》就是在这个阶段写的，如果你认真看的话，就能看出我的思想在悄悄地发生着变化。如果说哲学家王国是第一等好的国家的话，那么利用哲学家的智慧并同步辅助以法律的作用来治理的国家就是“第二等好的理想国”。

记者：

我还真没有好好看您的《政治家篇》和《法律篇》，请您说说。

柏拉图：

一次次的出游，一次次的绝望，我简直就是一个不识时务的唐吉诃德，明明面对的是一个巨大无比的大风车还要拼命往上冲，不可能不落得鼻青眼肿的下场。我也由此深深地感到：在现实的政治实践与理想的政治架构之间存在着几乎难以逾越的鸿沟。因此，在第二次、第三次西西里之行后，我开始重新审视“哲学家治国”这种理性的国家模式。如果说《政治家篇》构成这种思考的逻辑起点，那么《法律篇》则构成思考的逻辑终点。

记者：

何谓起点？何谓终点？

柏拉图：

我是在《政治家篇》中开始思考没有法律的政府是否正当的问题、开始思考法治对于国家治理的必要性，开始从理想的国家构建转向思考现实中的国家管理。但这本书仅仅是个开始，就我的核心理论来说，依然是与《理想国》是一致的。在当时的我看来，我对法律依然持一种不信任的态度。

记者：

我在您的《政治家篇》中看到有这样的几句话……

柏拉图：

哪几句？

记者：

一句话是“法律的判定属于主权的专门技艺，但最好的状况不是法律当权，而是一个明智而赋有国王本性的人作统治者”；一句话是“法律从来不能用来确切判定什么对所有的人来说是最高尚的和最公正的从而赋予他们最好的东西”；一句话是“立法者永远也不可能使为所有的人共同制定的法律恰切得适合于每一个人”。这几句话应该代表您对法律的看法吧？

柏拉图：

一点没错。

记者：

您说《法律篇》是您的逻辑终点，如何理解？

柏拉图：

《法律篇》是我在临终前写的一本书，这本书代表我的终极看法。

记者：

我感到您似乎通过您的《法律篇》彻底修正了您的“理想国”方案，在这里，哲学家好像已经成为无足轻重的“隐身人”，而法律则登堂入室，取代哲学家成为国家治理的中流砥柱。

柏拉图：

是的，我在《法律篇》和其他的一些文章中反复提醒人们，“不要让西西里或任何其他城市服从人类的主子（虽然这样的服从是我的学说），而要服从法律。”

记者：

您还说，“如果一个国家的法律处于从属地位，没有权威，我敢说，这个国家一定要覆灭；然而，我们认为一个国家的法律如果在官吏之上，而这些官吏服从法律，这个国家就会获得诸神的保佑和赐福。”

柏拉图：

是的，你说没有细细看过我的书，我看你在忽悠我嘛。你看得很细，脉把得很是到位嘛。

记者：

如此一来，您把法律放到头等的地位，这个王国活脱脱就是一个现实版的“法治国家”了，而那个浪漫无限的“哲学家王国”早已不见去向了。

柏拉图：

我的“理想国”虽然再难见得，但我深信，就当下的世界，“依法治国”才是一个理想的方案。“依法治国”的含义应该是：在一个良好的国家和政体中，真正有资格统治国家的，不应该是那些反复无常随心所欲的当权者个人或者某个同样反复无常的阶级，而应该是法律，唯有法律才能排除个人或阶级感情的影响。

七　混合型政治体制

记者：

您把正义视为政治的最高价值追求，在您的眼中，悖逆正义的政治是人间最丑陋的东西。

柏拉图：

有什么错吗？

记者：

自然没错。我所关心的，即便是再好的原则，也只有借助于具体的政治体制予以实现才有价值。

柏拉图：

你说的没错啊！

记者：

你把政体归纳为五种，我想知道：哪一种政体最有利于实现你所主张的正义理念？

柏拉图：

理论上，现实中实际存在的政体只有四种，它们分别是斯巴达或克里特政体、寡头政体、民主政体和僭主政体。

记者：

不说斯巴达或克里特政体，太具体了，您就告诉我何谓寡头政体。

柏拉图：

寡头政治一词，源自希腊语，翻译成为你们今天的语言，就是“少数统治”。所谓寡头政体，就是这样一种政制形式，其中大部分甚至全部权力都被有效地掌握在一小撮特权阶级手上，无论是财富、军事力量或政治都是如此。

记者：

明白。这种政体如何？

柏拉图：

糟糕透顶，这种国家完全由一小撮人在进行统治，独裁者之外，全是一群一钱不值毫无权利的乞丐。

记者：

有这种政体吗？

柏拉图：

比比皆是。如今我们的国家实行的就是赤裸裸的寡头政体，这些独裁者完全不管人民的死活，广大人民处于水深火热之中。而这些独裁者自己却是养尊处优，这些人的下一代由于是在长期的权力庇护下成长起来的，也是娇惯放纵，恣意妄为。这些“官二代”们做任何事情都是随心所欲，经不起哪怕是最起码的考验。

记者：

原来如此。

柏拉图：

独裁政体不可能存在太长的时间，人民一起来革命，这种政体很快就会土崩瓦解，经不了几个回合。如果指望依靠这种政治体制来实现社会正义，那简直就是缘木求鱼。不可能不让你绝望透顶。

记者：

民主政体呢？

柏拉图：

半斤八两。

记者：

民主如今成为人间政治的一个共同选项。在当今社会，无论是那些真正在搞民主的人，还是那些挂羊头卖狗肉的人，都不敢公开攻击民主。根据我的研究，昔日雅典搞的民主比今天许多国家搞的民主要彻底得多。

柏拉图：

你的观察没错。

记者：

您对民主政体存在那么大的偏见，甚至发誓要终生与之进行斗争。我想这是否与您的恩师苏格拉底的不幸遭遇有关？

柏拉图：

我对苏格拉底的爱远远超过对我父母的爱。我的父母仅仅给了我身体，而苏格拉底则给了我灵魂。那些民主派处死了苏格拉底，就等于从精神上处死了我。我与那些对哲学一再犯罪的民主派们不共戴天，势不两立。只要有可能，我会用同样的方法来收拾他们。

记者：

所以您仇恨民主体制？

柏拉图：

一个思想家，如果仅仅是从情感的角度来思考世界，研究人生，那就是一个不成熟的思想家。唯有站在理性的悬梯上，才能够得着真理的鲜花。我要告诉你，我对希腊民主的怀疑和批评与苏格拉底无关。当然，也不是完全无关。

记者：

怎么理解？

柏拉图：

我说无关的意思是说，我并不是因为雅典的民主派处死了苏格拉底，所以我就说民主体制不好；似乎如果苏格拉底不死，或者说那些民主派把苏格拉底供奉起来，吃好喝好，我就会说民主体制好似的。

记者：

那“有关”又是什么意思？

柏拉图：

我研究政治，与那些生物学家研究生命一样，都需要标本。雅典民主派与苏格拉底间的冲突和矛盾，为我研究民主体制的运作提供了一个难得的活标本。

记者：

应该是的。那您就开始说民主体制吧。

柏拉图：

你到过热带雨林没有？

记者：

中国的三亚、东南亚的印度尼西亚巴厘岛一带都有热带雨林，我去过。

柏拉图：

那里小动物很多，有一种小青蛙，五颜六色的，你看过没有？

记者：

在那里我见过不少动物，也看过不少新奇的植物，至于您说的这种很好看的小青蛙，我还真没看过。不过，在中国的中央电视台《动物世界》和《探索》节目里我倒是见过。听说它们虽然花花绿绿，好看无比，但却是碰不得的，因为它们的毒性很是厉害。

柏拉图：

你见过罂粟花吗？罂粟是一种毒品。

记者：

罂粟是毒品谁不知道，但它们开的花我只见过一两次，具体在什么地方见的，回忆不起来了。

柏拉图：

姹紫嫣红，娇艳无比。

记者：

您说罂粟花干嘛？

柏拉图：

民主政体就是这种东西，热带雨林中的彩色青蛙，姹紫嫣红的罂粟花。

记者：

很好看，很热闹，但就是有毒性。

柏拉图：

一点不错。我找不出比这更贴切的比喻了。

记者：

您的这个比喻，我平生第一次听说。一定得请您说清楚。在我的心目中，民主虽有这样那样的坏处，但总体上是个好东西。而在您的心目中，民主虽然有一些好处，但总体上却是个坏东西。您我观点是针尖对麦芒。您赶快说说。

柏拉图：

在回答你的问题之前，我问你，人是一种什么东西？

记者：

一种动物而已。

柏拉图：

什么动物？也就是说这种动物的本性是什么？

记者：

一种指望能拥有一切、支配一切、自由自在、随心所欲的动物。

柏拉图：

一点不假。包括你我在内的所有的人，都是这种德性。民主政体恰恰在这一点上能成全你我成为一个人。在民主社会里，人人都是自由的，说什么，做什么，没人管你，你是你自己的皇帝。在民主社会里，人人都是独立的，每个人都可以依照自己的性格而生活，无需看别人脸色行事。一句话，民主社会是一个多姿多彩、色彩斑斓的浪漫王国。

记者：

它的“毒性”在哪？

柏拉图：

民主体制是一个让好人做不成好人，让坏人更坏，因而人人都不得不变成坏人、恶人的体制。

记者：

喜欢夸张，是您的性格。

柏拉图：

一点都不，我已经是压着性子说话了。

记者：

嗯。

柏拉图：

民主体制对什么东西都很宽容，所谓宽容，就是放任自流，什么都不管，就是没有任何原则性。在这种体制下，一个人如果不是从小就受到良好的教育，必然会变成一个不好的人，变成一个坏人。而坏人在这个社会感觉非常舒服，因为人人都向他们学习，崇拜他们，都希望与他们生活在一起，认为与他们在一起极有安全感。

记者：

民主这只花青蛙，这枝罂粟花，还有什么毒性呢？

柏拉图：

民主这个东西，看似可爱，一旦上瘾，将使人疯狂无比。如今世界的混乱，就与这个东西对人类，尤其是对那些虽无知却想左右世界的芸芸众生们的刺激有关。在人类所有文化之中，民主这个东西最丑陋，最需要加以彻底铲除。一旦人类被这种文化所主宰，我们的社会将被那些疯狂的人群所主宰，一些巧舌如簧的政客将如鱼得水，依靠他们的诡计去左右这个世界。

记者：

总之您仇恨民主制度，那么僭主政体如何呢？

柏拉图：

僭主是依靠搞政变、暗杀上来的一帮无耻小人，这种体制更是不值一提。这种体制连一点点值得肯定的地方都没有。我们就不要浪费什么时间去议论它了。

记者：

我看也是。但是直到现在，您也没有告诉我什么样的体制最有利于体现您所主张的那种正义。

柏拉图：

也倒是，我本来想让你先提个方案出来一起探讨，想不到你比我还狡猾。你们东方人一旦明白了西方人的哲学与逻辑学，非常的可怕。

记者：

说吧。

柏拉图：

如果依照我年轻时的理念，哲学家统治明显就是最好的体制。历经多年的反复思考，我如今明白了，我的那种想法明显属于乌托邦的范畴，对于这种乌托邦的东西，我至死都不会忘怀的，但是在残酷的现实面前，我也不得不承认，这种东西固然非常美好，但是不可能实现。作为一个哲学家，不仅要给人们描绘蓝图，还要给人们提供实现这个蓝图的具体路径。君主制与民主制的有机结合就是这种最好的路径。

记者：

如何讲？

柏拉图：

我在我的《法律篇》中是这样说的，最理想的政体，也就是最有利于实现正义的政体是混合型政体，这种政体就是君主制和民主制的结合。君主制代表着智慧的统治，而民主制则代表着自由。智慧与自由的结合就是最正确的选择。

记者：

从法治的角度如何理解您的话？

柏拉图：

立法要体现大多数人民的意志，而在具体的国家治理中则要最大限度地利用最优秀的精英分子来予以执行，这就是最理想的政治体制。

附：柏拉图简传

柏拉图（约公元前427～公元前347年），著名的古希腊哲学家，雅典人，他的著作大多以对话录形式记录，并创办了著名的学院。柏拉图是苏格拉底的学生，亚里士多德的老师，他们三人被广泛认为是西方哲学的奠基者，史称“西方三圣贤”。主要著作有《理想国》《政治家篇》《法律篇》等。

第二章

勿走极端

——对话亚里士多德

引 子

别人如何定位亚里士多德是别人的事情，在笔者的眼中，亚里士多德毫无疑问是人类第一位真正的科学家。在他的眼中，从一粒渺小得几乎看不见的尘土到浩瀚无际的宇宙，从玄奥难解的数到关切每个人的法律，都充满着理性，内含着某种秩序。人们只要通过收集相关的资料，只要诉诸扎扎实实的观察，就能发现蕴含在万事万物背后的美。亚里士多德理论大体上可以一分为二，一部分属于理论科学，其目的在于自身，在于不断的实现自我完善；一部分在于实践哲学，其目的在于净化人类的道德，以实现社会与国家的持续性进化。笔者与亚里士多德探讨的就属于后者，与人间事务密切相关的伦理学和政治学就是讨论的主题。人为何会成为政治动物以及如何建立一个强大而本性善良的国家，则是两个最核心的话题。

一 幸福是什么？

记者：

您幸福吗？

亚里士多德：

这取决于你如何给幸福下定义。

记者：

您桃李满天下，难道还不幸福？

亚里士多德：

如果把桃李满天下定义为幸福，那我就是一个幸福之人了。但实话实说，我并不喜欢人们打扰我的生活，我喜欢独处，像苏格拉底那样，一天到晚在大街上与人斗嘴，不如把我杀掉。

记者：

您生在贵族之家，祖祖辈辈都得到君王们的恩宠，难道还不幸福？

亚里士多德：

如果你把荣华富贵定义为幸福，那我就是一个幸福之人了。但实话告诉你，我从来不把钱当作一回事，对那些迷恋官宦之途的人我向来嗤之以鼻，我不认为这些人有什么幸福可言。尤其是那些土财主，一天到晚就是想着发家致富，有了钱财就吃喝嫖赌，等到离开这个世界的时候，才发现自己两手空空，一无所有。

记者：

那您到底幸福不幸福呢？

亚里士多德：

对于一个正常的人来说，拥有一定的财富和诚挚的友谊是确保其幸福必不可少的条件，但在我的概念中，幸福的核心最终是在于内在灵魂上的满足，具体来说获取全面的知识，确保灵魂上的纯洁，才是真正的幸福。

记者：

您这个定义是不是太狭隘了？

亚里士多德：

一点都不。人生的快乐大体上不外乎三大类：感官之乐是一类，功名之乐是一类，理智之乐是一类。

记者：

哪种快乐最好？

亚里士多德：

不要急，咱们来慢慢分析。先说感官之乐，我以为感官之乐不是幸福。

记者：

为什么这么说？

亚里士多德：

苏格拉底曾经如此批评伊壁鸠鲁的享乐主义世界观，他说感官的享乐仅仅是一个圆圈圈，就像挠是为了痒，而痒则是为了挠。

记者：

有点牵强附会。接着说第二种快乐吧。

亚里士多德：

第二种是功名之乐，在我看来，这里面没有什么快乐可言。

记者：

绝大多数人似乎不这么认为吧。如果能在政治上有所作为，拥有显赫的权力，在获取可观财富的同时，也能实现自己的理想和抱负，自然也是让人心满意足的事情。有何不快乐的呢？

亚里士多德：

我的看法与你不一样，你难道看不出来，一旦你踏上仕途，你就失去了自己的灵魂，你就得乖乖地按照那些普通民众的心思去办事，你如果按照自己的思想做事，很快就会被赶走。而我最瞧不起的就是这些庸庸碌碌的普通民众。

记者：

您所在的时代似乎与我们所在的时代不一样，在我们这个时代，政治家似乎并不在乎民众是什么心理和意愿，基本上是随心所欲，想干什么就干什么。

亚里士多德：

如果是这样，我也希望当一个政治家。可惜我早出生了几千年。

记者：

历史容不得假设，接着说您对快乐的理解吧。

亚里士多德：

其实我在上面已经说得很清楚了，只有理智之乐，也就是在追求真理的长征中所获得的快乐才是真正的幸福。这种生活我把它命名为“哲学生活”，与我上面所说的另一种生活，即“政治生活”比起来，显然我更喜欢“哲学生活”。

记者：

《政治学》中，您的看法似乎很暧昧，既然您今天说得那么清楚，您的观点就是“立言”比“立功”更有价值。

亚里士多德：

我不否认。

记者：

那请您告诉我，您为什么更喜欢“立言”，更喜欢“哲学生活”呢？

亚里士多德：

理智性的活动也是一种行动，这种行动的目的不是任何俗不可耐的诸如物质财富、高官厚禄等东西，而是理智本身。理智的步伐越往前走，你就离真理越近，与此同时，激励你进行更深一步探索的动力越大。由于理智运行的动力来自于自身，因而在追求真理性的过程中，你就不会感到疲劳，而是感到有使不完的劲头，其间的乐趣自然也是妙不可言。因此我说理性本身是最大的快乐。

记者：

那您肯定是世界上最快乐的人，天底下没有您不熟悉的领域，天底下没有您不了解的知识，您的一生就是为理智而生的一生。

亚里士多德：

你这话是对的，我毫无疑问是地球上最幸福的人，因为你很难再找出比我建立的科学体系更伟大的人了。但是我也告诉你，我也数度差点因为哲学、因为科学而献出自己的生命。

记者：

是这样？您认为是什么原因造成这种局面？

亚里士多德：

很简单，你我都是政治动物。在现实的政治中，你我都是动物，如果人间就是一个“狼窟”，人与人的关系就是与狼们之间的关系一样。

记者：

为什么会出现这种情况呢？

亚里士多德：

历史使然，国家是历史形成的，人成为政治动物，同样也是历史决定的。你我都无可奈何。

二　国家是一种历史的产物

记者：

一些学者把国家看成是人类人为约定或创建的产物，似乎您对此不以为然？

亚里士多德：

你所说的“一些学者”，肯定是17世纪或者17世纪以后的学者，而在17世纪之前，没有人如此认为。国家是如何来的？我们看看希腊的那些城邦国家是如何来的就一清二楚了。

记者：

您说说。

亚里士多德：

希腊的那些城邦国家都是从原始的家庭、村落逐步进化而来的，而并非人们从无到有创造出来的。

记者：

好像历史学派就是这么认为的。

亚里士多德：

是的。

三　人是一种“政治动物”

记者：

既然国家是从最原始的家庭、村落发展而来，而这些原始的家庭和村落都是为了满足人类的需要而自然存在的，难道说国家也是为了满足人的需要才得以出现的？

亚里士多德：

是这样。人的需求决定了国家存在的必要性，国家存在就是为了满足人类的需要。从这个角度来讲，国家是人的国家，人是国家的人。因此，人天生就是一种政治动物。人，贵贱与否，生而无不在政治之中。

记者：

没有了国家，人人都是孤魂野鬼一个，就没有了归宿，没有了寄托。

亚里士多德：

这种处境，与那些到处流浪的动物完全一样。

四　政治家当善于理财

记者：

您是一个大哲学家，为什么对属于形而下层面的经济一类的事情也是那么热心呢？

亚里士多德：

对于一个普通家庭来说，如果一家之主们不会赚钱的话，就必然会陷入贫困，家庭的稳定受到威胁，孩子的教育自然也无从谈起。对于那些政治家们就更是如此了。

记者：

为什么？

亚里士多德：

作为一个国家的领导人，不仅承担保护国内稳定的责任，还要负责在遭受外敌侵略的情况下进行必要的反击，而要做到这一点，就需要有足够的金钱来支撑。政治家们不能满足于当一个经济学上的外行，而要做一个善于理财的高手。

五　政体与公民的德行

记者：

我还很少考虑政体与公民的关系，经过看您的书，觉得您说的很有道理。

亚里士多德：

当然。什么叫政体？政体就是政权安排形式，说到底就是政府。政府当然与公民有关系了。

记者：

应该是。

亚里士多德：

有什么样的政体就有什么样的公民，有什么样的公民就有什么样的政体。

记者：

何谓公民？

亚里士多德：

有资格谈论政治的人。严格意义上公民的概念是指那些能够参与城邦议事、参与法庭审判和行政管理的人。

记者：

如何理解？

亚里士多德：

一个人要有资格谈论政治，最起码要符合这样几个条件：一是有财产，生活上能够做到自给自足，衣食不保的穷人是不配参与政治的，他们能理解的政治都是一些俗不可耐的功利主义；二是有能力，有一技之长，那些无能之辈是不配参与政治的；三是有德行，一个品德恶劣的人只会糟蹋政治。

记者：

公民的德行在多大程度影响政体呢？

亚里士多德：

很关键，你们现代的一些经济学家把成熟的企业组织视为国家经济发展的基石，那么在我看来，是不是拥有成熟的公民也会直接影响着一个国家的政府形式。看一个政府是什么样子，你只要观察这个国家的公民就足够了。反之亦然，看一个国家公民是什么样子，你只要观察这个国家的政府就足够了。

记者：

是这样？

亚里士多德：

如果绝大多数的公民都是保皇派，个个都像个奴隶，那么国家的政体就不可能是民主政体。如果绝大多数的人都是民主思想很强的人，那么一小撮人就不可能搞寡头政治。如果绝大多数人都既愿意作为统治者而存在，也心甘情愿地不反对作为被统治者而存在，那么这个国家的政治就会进入妙不可言的理想状态。

六　国家的价值在于公共利益

记者：

您的宇宙观认为万物皆有目的是吧？

亚里士多德：

是的。

记者：

那国家的目的是什么？

亚里士多德：

公共利益。

记者：

当公共利益与个人的自由发生矛盾时，应该如何解决呢？

亚里士多德：

很简单，个人利益给公共利益让步。国家从本质上讲是公共利益的有机结合体。因为唯有国家这个共同体得以很好地维护，个人利益才有可能得到保护。国家不存在了，个人的东西就等于零。皮之不存，毛将焉附？

记者：

在您的政治学中，个人的空间到底在哪里？

亚里士多德：

在一个有秩序的国家里，没有个人主义的位置。国家都是一个个很小的城邦，任何一个国家都应该把城邦放到绝对的第一位，任何别的利益都应该为国家利益让路。

记者：

您的意思是说，在古希腊时期，没有我们今天所说的人权这类概念？

亚里士多德：

一点不假，古希腊人不知道你们现代人语言中的人权与爱琴海海滩上的贝壳有什么区别。在我们的心目中，凡是把公共利益，也就是公共幸福作为核心保护对象的政体，就是正义的、合适的、好的政体。反之，把统治者的利益作为目的或者把与个人利益有关的东西，也就是个体幸福作为保护目标的政体就是非正义的政体。那种以保卫个体自由为幌子实质上是要保护统治者利益的政体是人间最邪恶的政体。

七　政体及其蜕变

记者：

您的观点很明确，在您看来，凡是维护公共利益的政体都是好政体，反之，凡是损害公共利益者均为不好的政体，也就是坏政体呗？

亚里士多德：

本来就是如此。在好政体中，公共利益得到很好的保护，每个人都得到自己该得的那个部分，每个人都能过上优良的生活，彼此没有什么瓜葛，没有什么矛盾，相亲相爱，人人尽享自然的恬静和爱情的甜蜜，如果遇到天灾人祸，大家共同忍受这种痛苦，并一起奋斗来抗御这种灾难，每个人都不会觉得孤独，不会觉得无助，这种生活该多好啊！

记者：

在坏的政治制度和体制之下，一些人甚至是某个人搞独裁，垄断国家政权，公共利益自然就荡然无存了。因此，独裁就是坏政体，是不是？

亚里士多德：

你按照统治人数的多少来区分政体，这个观点不能说不对，但与我的观点不一致。

记者：

您的高见？

亚里士多德：

仅仅按照执政人数的多少来区分政体的类型是没有多少意义的。

记者：

那您如何区分不同的政体？

亚里士多德：

我已说过。

记者：

建议好好解释一下。

亚里士多德：

我把政体分为两种，以共同利益为目的的政体就是“真实的政体”，而以统治者的利益为目的的政体就是“蜕变的政体”。

记者：

是不是还可以继续细分？

亚里士多德：

是的，就“真实的政体”而言，由一个人执掌政权的，我称之为“君主制”或“王制”；由少数人执掌政权的，我称之为“贵族制”或者“贤人制”；而由多数人执掌政权的，我称之为“共和制”。这三种政体都是好政体。

记者：

您对“蜕变的政体”如何进行细分？

亚里士多德：

一种是“僭主制”，这种政体是“君主制”的变体；一种是“寡头制”，这种政体是“贵族制”的变体；一种是“民主制”，也叫“平民制”，这种政体是“共和制”的变体。这些蜕变的政体，没有一个是为全体公民谋福利的政体。

记者：

您的意思是说君主政体最好？

亚里士多德：

理论上是这样，但有时候我也感到，君主政体太过随性，弊端很多，或许多数人的统治可能要比一个人的统治要好得多。

记者：

如何解释？

亚里士多德：

我想你应该明白，多数人的德性、明智和判断能力等等，聚合在一起就会超过少数人；而且，多数人掌权并不是把权力交给其中的每个人。

记者：

不是这样吧？

亚里士多德：

就是这样，在多数人统治的情况下，权力是掌握在公审法庭、议事大会和公民大会成员的手里，而不是掌握在个别的陪审员、议事人员或公民大会成员的手里。还有，在多数人统治的情况下，每个成员都是这些整体的一个部分，他们的财产加起来也会超过一个或者少数几个执政者的财产。所以我说，多数人掌权比少数人掌权更有理由。

八　法律是最好的统治者

记者：

我同意您的观点，只要把城邦权力置于多数人的统治之下，社会正义的实现就指日可待了。

亚里士多德：

你还没有完全明白我的观点。

记者：

什么意思？

亚里士多德：

我的观点包括两方面意思：一是权力必须掌握在多数人的手里；一是国家管理必须依法办事。

记者：

柏拉图在晚年出于对贵族政治的绝望，最后提出了法律问题。

亚里士多德：

结论我们是一样的，但我从一开始就是这么认为的。依法办事有两方面含义：一个是在这个国家中，法律具有至高无上的权威，法律是至高无上的领导者，任何人都不能违背法律的旨意；另一个意思就是恶法不为法，国家制定出来的法律必须是符合正义的好法律。坏法律必须予以废止。

九　民主可预防革命

记者：

在如今的世界上，一些地方动不动就爆发战争，一些人美其名曰革命。在您生活的那个时代，我听说革命也是一种司空见惯的现象，是这样吗？

亚里士多德：

你掌握的情况是准确的。

记者：

如何定义革命？

亚里士多德：

一些人推翻另一些人的统治，更换政府就是革命。

记者：

也就是改朝换代，用的是暴力手段。

亚里士多德：

是的，非暴力的革命严格来说不是革命，叫改良，或者叫和平演变。

记者：

根据您的实证研究，革命一般是因为什么原因而爆发的呢？

亚里士多德：

革命的形式千差万别，原因也是五花八门。有的革命是革命者蓄谋已久策划出来的，有计划，有目的，有组织。有的革命完全是突发性的，一把火就能呼啦啦烧起来。

记者：

是这样。

亚里士多德：

革命主要的原因，根源于寡头派与民主派的冲突。

记者：

寡头派与民主派的冲突？

亚里士多德：

民主派人士主张同等自由的人在一切方面都是平等的，而那些寡头们则要求在某些方面他们这些人必须占得头彩。这些人一旦发现他们在政府中的地位与他们的观念发生矛盾，就会火冒三丈，就会兵戎相见，就会发动暴力革命。

记者：

这些革命者谁都说自己代表着正义，其实是他们的屁股决定着他们的脑袋，利益是促使他们掀起革命狂潮的根本原因。一切人的奋斗，都与他们的利益有关。无所谓正义不正义。

亚里士多德：

当然，在不同的政府形式下，革命发生的概率还是有些不同的。

记者：

怎么讲?

亚里士多德：

一般而言，在民主政府中，革命发生的概率要低一些。

记者：

原因是?

亚里士多德：

在民主体制下，大多数人的意志占据统治地位，豪门家族难以控制国家，也难以发动暴力革命。而寡头体制最不牢固，人民仇恨这种体制，只要有可能他们就会采用暴力手段推翻政府，从另一方面来看，那些寡头们个个精力充沛，蛮性十足，他们也不怕与人民为敌，这些人不怕打仗。

记者：

这个论点我赞同。在我的印象中，以前拉丁美洲动不动就发生军事政变，但在这些地方经过民主化改造之后，革命就稀罕很多了。多少年没听说过了。

亚里士多德：

理论上应该如此，实际上也应该如此。

记者：

但是，在某些人看来，革命毕竟不是一个好东西，革命的结果往往是玉石俱焚，把国家折腾得乱七八糟。

亚里士多德：

有些革命还是有价值的，这些革命摧毁社会的落后力量，可以让国家走上良性发展的道路。但总体上讲革命必然带来一定的破坏性。

记者：

那如何防范呢？

亚里士多德：

凡存在皆有其合理性。一场革命之所以能轰轰烈烈地发生，那背后一定有足够的原因导致其发生。因此，对于一场必然到来的革命，你是无法防范的。但是，作为国家的统治者，也并不是完全无能为力的。他可以做好多事情来延缓革命的发生，如真的做得好，也不是说就完全不可能阻止革命的发生。

记者：

如何做？

亚里士多德：

不妨在三个方面做做文章。其一，进行宣传解释，缓解人们的怨气；其二，严格执行法律，尤其是在小事上更要如此；其三，执政者要时刻想到正义，要把正义观落实到每一个细节上。

记者：

何为正义？不会又是那种虚头虚脑的原则吧？

亚里士多德：

按比例分配，让各人得到其应该得到的。

记者：

说起来容易，做起来难。

亚里士多德：

本来就是如此，点火容易，一下子就可以了，但灭火比登天还难，也是这个道理。

十　中产阶级执政最好

记者：

如果从财产的角度来看，任何一个国家的国民是不是可以分成三个阶层：富有者、贫穷者和中产者？

亚里士多德：

当然是这样。

记者：

哪个阶层最好？

亚里士多德：

哪个阶层都好，哪个阶层都不好。你这个问题问得不好。

记者：

对不起，说错了。我的问题应该是：哪个阶层执政最好？

亚里士多德：

这个问题还差不多。我先告诉你我的观点：中产者当家作主最好。

记者：

我看了您的《政治学》，您的观点我知道。那理由是什么呢？

亚里士多德：

理由其实一说就明白，一个理由就是中产者执政的国家最有利于减少和免除党派之争。大的城邦国家党争比较少，而小的城邦国家里党争就比较多。原因就在于大城邦国家里中产阶级人数多，力量大，足以左右政治；而在小的城邦国家里，民众特别容易分裂为富人和穷人两大块，中产阶级几乎就没有立锥之地。还有，富人溺爱子女，子女往往娇生惯养，穷人虽然想让孩子出人头地，有点出息，但是因为贫穷心有余而力不足。唯有中产阶级才能培养出优秀的立法者和执政官。梭伦就是从这个阶层培养出来的。

记者：

似乎有些道理。

亚里士多德：

还有一个理由就是：唯有中产阶级执政的政体才符合我所主张的中庸之道原则。

记者：

怎么讲？

亚里士多德：

对于一个人来说，拥有适度和充分的财产实在是莫大的幸运，在这种情况下，人最容易听从理性的安排。

记者：

您是说财富太多或者财富太少，对一个人理性的修炼都不利？

亚里士多德：

自然。太过富有的人骄横跋扈，心里一天到晚想到的就是去统治别人，而不愿意与别人和平相处。而太过贫穷的人，心中一点点自信都没有，只知道崇拜强者和当权者，一天不受到别人的统治就难受得不得了。而中产阶级就不同了，他们不穷，不去觊觎别人的财富，他们也不太富，不会被别人觊觎，也不会对别人颐指气使。他们不会去算计别人，也不会被别人算计。因此，一个国家如果由中产阶级执政，自然就是最好的事情，因此我说中产阶级统治的政体是最好的政体。

记者：

您说中产阶级统治的政体，既是美好的，也是最容易实现的政体，实际上，人性是最趋向于极端的，社会的划分也往往是容易走极端。中产阶级不会很容易就成为社会的主体。

亚里士多德：

需要培养。唯有中产阶级执政才能给国家带来最大的正义，才会给人民带来最大的幸福。无产阶级不行，容易流氓成性，资产阶级也不行，同样也容易流氓成性。流氓当道，那不是地狱是什么？

十一　三权分立的“种子”

记者：

我看过中国学者黄颂杰等人著的《古希腊哲学》一书。在我的思想中，

“三权分立”是近代的事情，从理论渊源上看，不是来源于洛克、卢梭就是孟德斯鸠等人的著作。而《古希腊哲学》一书的作者却说，您是“三权分立”理论的鼻祖。他们是不是在给您的理论贴金？

亚里士多德：

我在我的书中没有说过“三权分立”这个理论，我的提法是“政体三要素”。

记者：

“政体三要素”？哪三个要素？

亚里士多德：

我是把国家的政体分成三大机构：一是与公共事务有关的议事机构；一是与行政官职有关的行政机构；一是司法审判机构。

记者：

这不就是立法、行政、司法三大权力吗？

亚里士多德：

不完全一样，但我想核心思想应该是一样的，也就是不要把权力集中在一个人、一个机构手中，要把权力拆分成几块。

记者：

拆分的目的是什么？

亚里士多德：

我不是已经跟你说了吗？从理论上讲，任何权力的行使都是为了公共利益，既然这种权力都是为了公共利益，自然这种权力越大越有效公共利益就越好。如果真的是这样，对权力进行任何形式的限制都是很荒唐的。

记者：

似乎不是这样。

亚里士多德：

你的感觉是对的。按照一般的正义原则，城邦的每个人都有权利按照平等和同等的原则来轮流执掌国家政权，任何人、任何党派都无权长期占据政治舞台的中心。但是由于权力的运用经常涉及到对资源、对金钱的分配，因此，好多人一旦获取权力以后就像命一样死死保护，恨不得永远是自己待在权力的宝座上，而让别人永远坐冷板凳，这样他们就可以永远鱼肉他人而坐享其成。

记者：

这种情况倒是常态，一旦出现这种情况，那正义就不知道跑到哪里去了。

亚里士多德：

是的，正义去哪了？我们不得而知。在我们人间，如果说最难实现的是正义，那么最难限制的就是权力。分权的目的就是为了遏制集权，当然，让几大板块的机构相互制衡一下，防止官员腐败也是目的之一。权力集中就埋下腐败的隐患，绝对的集权必然就是绝对的腐败。

附：亚里士多德简传

亚里士多德（公元前384～前322年），古希腊伟大的哲学家、科学家和教育家之一，堪称希腊哲学的集大成者。他是柏拉图的学生，亚历山大的老师。马克思曾称亚里士多德是古希腊哲学家中最博学的人物，恩格斯称他是“古代的黑格尔”。作为一位百科全书式的科学家，他几乎对每个学科都做出了贡献。他的写作涉及伦理学、形而上学、心理学、经济学、神学、政治学、修辞学、自然科学、教育学、诗歌、风俗，以及雅典法律。亚里士多德的代表作包括：《工具论》《物理学》《形而上学》《伦理学》《政治学》等。

第三章

正义是好政府的灵魂

——对话西塞罗

引　子

当过国家元首的西塞罗是一个极端自信的“实践型”政治家，在他的思维中，那些把全部精力都投入到政治理论研究中去的“理论型”政治家们价值极其有限。同样，罗马人也因强调实践而比过分重视抽象理论的希腊人要高明得多。但是，对实践的重视并没有改变西塞罗对正义的尊重。西塞罗坚信，任何正义的政府便是最好的政府，而没有正义，无论什么形式的政府都必然是坏政府。而事实上，没有什么政府可以不依赖于正义而存在——如果它还能代表国家的话。

一　社会契约论的鼻祖

记者：

在没有阅读您的《政治篇》和《法律篇》之前，我一直就以为社会契约论是一种很近代的理论，我也一直把卢梭看作社会契约论的鼻祖。我相信有此看法的绝对不会是我一个人。

西塞罗：

是这样？

记者：

想想自己还真是孤陋寡闻啊。

西塞罗：

你难得谦虚一下，很可爱。

记者：

彼此彼此，与您一样。

西塞罗：

我是公元前出生的人，我是在那本《政治篇》中提出契约理论的，那本书也是写在公元前。很惭愧，我的观点非常不系统，但是直截了当，毫不含糊。

记者：

怎么说？

西塞罗：

我的社会契约论核心思想是：国家是一个民族的财产，但是一个民族并不是随随便便的一群人，不是以胡乱的方式组合在一起的一个共同体。

记者：

那是什么？

西塞罗：

国家首先是很多人依据一项关于正义的协议和一个为了共同利益的伙伴关系而联合在一起的集合体。

记者：

正义的协议？促使这个联合体得以成立的第一动因是什么？

西塞罗：

你问得很专业嘛！

记者：

快说吧。

西塞罗：

亚里士多德说人天生就是一种“政治动物”。

记者：

马克思也说过人的本质是“社会关系的总和”。

西塞罗：

他们说的都对。人，自然包括你我在内，并非是一种独特的不合群的物种，他生来便有这样一种天性，无论贵贱，无论贫富，他都无法独立于他的同胞。人的社会性是人必须组成国家的内在的第一原因。

记者：

作为个体，人实在是太过弱小了，要维持自己的生存自然就必须联合成一个政治共同体。

西塞罗：

你说的或许是一个原因，但最根本的还是源于人的聚合性，或者说是社会性，而不简单是弱小性。

二　混合政体最好

记者：

您在您的书中，把每种政体都半斤八两地褒扬了一番，又半斤八两地批判了一番，似乎实行什么样的政治体制都是无所谓的，是吗？

西塞罗：

当最高权威由一个人担任时，这个政体就是君主政体。当政权由被选举出来的公民执政，这种政体就是贵族政体。而当所有权力都集中在人民手里的时候，就出现了民主政体。

记者：

哪个更好些，哪个更差些呢？

西塞罗：

一般来说，君主政体要比贵族政体和民主政体好些。但是，如果不混杂非正义和贪婪的毒素，任何一种政体都不坏，都是好的。我是从这个角度说任何一种体制都是无足轻重的。

记者：

遗憾的是，哪一种体制都混杂着众多的毒素和贪婪。

西塞罗：

是的。君主制的优势在于"感情"，贵族制的优势在于"智慧"，而民主制的优势则在于"自由"。如果我们能够设计出一种能将这三种优势都结合在一起的政体就好了。

记者：

你说的是一种混合政体，是一种融合君主与人民、多数人与少数人的智慧、自由、感情，并诉诸必要的制衡机制来防范不正义和贪婪侵蚀国家机体的理想国家。如果能有，如果能付诸现实，那确实诱人。但愿不是乌托邦！

西塞罗：

应该是这样的。完美的一致与和谐出自于不同音节的恰当组合，与此相同的是，一个理想国家，要通过不同的因素之间的协调而获得和谐。只有把上、中、下三种不同的等级和谐地结合起来，社会与国家才能达到完美的境界。

三　为政治家的生活辩护

记者：

拜读您的著作《国家篇》，感觉到您好像是满腹冤屈似的。您也不想想，在古往今来的那么多学者中，又有几个在政治上达到您那么高的巅峰状态呢？

西塞罗：

我只是一吐为快罢了。不知道是什么原因，为什么那些整天无所事事的所谓哲学家或者思想家们要用那么刻毒的语言来谈论我们呢？他们似乎并不了解，政治家群体看似风光无限，却是一个多么危险的职业。米太亚德是领导我们希腊人击败与征服波斯人的伟大将领，他在光荣的前线所受到的伤还未痊愈，就被他的同胞投入到铁锁链之中，并在这些同胞的手中失去了连敌人的武器都无法夺走的生命。地米斯托克利，也是一位伟大的政治家，他刚领导人民解放了他的国土，就被流放到他曾经使之臣服的最蛮荒的土地。卡米卢斯、阿哈拉、奈西卡、莱奈斯、奥比米乌斯、梅特卢斯、盖尤斯·马略、苏拉等，有多少杰出的政治人物遭到如此厄运，我自己也是如此。我比上面那些人还要惨，你想想我遭受过多少次政治暗杀，直到最终我还是死在同胞的屠刀之下。

记者：

确实是让人心寒。

西塞罗：

但是，政治家所付出的血腥代价并不能打动那些思想家的铁石心肠，他们搬动他们的三寸不烂之舌，说我们都是一些只知道攫取权柄而尸位素餐的无能之辈。似乎人类社会延续到今天，全是那些文人墨客的功劳，而我们政治家都是阻碍历史前进的绊脚石似的。事实上，政治远远高于哲学，与那些只知道在阴暗的角落里嘀嘀咕咕的理论家相比，政治家，也只有政治家，才是推动世界历史前进的唯一力量。苏格拉底也不得不承认……

记者：

苏格拉底怎么说？

西塞罗：

苏格拉底曾经说过，对于任何一门技艺来说，除非你运用它，否则就不足以拥有它。任何事物的使用者乃是对它最有经验的人，政治自然也不例外。学术家说得再透彻，再玄乎，也都是隔靴搔痒而已。就职业的品德来看，城市的执政官们的价值要远远超过那些从来就不参与城市管理的人，再也没有政治家这个行业更接近诸神的庄严职责了。

记者：

其实您也没有必要抱怨什么，政治虽然充满着危险，但是一旦您取得成功，您所得到的也是无比的辉煌啊。你们呼风唤雨，粉丝满天下，你们颐指气使，掌握国民的生杀大权，俨然就是人间的上帝。此外，国家的国库也由你们随意挥霍，有什么值得抱怨的呢？我不知道还有哪个行业的回报超过你们政治家们的呢！

西塞罗：

当然有，就是那些吵吵嚷嚷的哲学家。知识是人世间最值钱的东西，那些哲学家拒绝服务于国家管理，利用国家的支持很容易就把那些知识据为己有。这是天下最大的不公平。你要知道，我们的祖国生养和教育我们，并非不期待我们给予某种积极的回报。祖国并非仅仅是为了使我们便利，给我们提供一个舒适而安全的庇护所，为我们的成长提供一个宁静的隐居地。相反，祖国给我们提供了这些有利条件，她就可以在需要的时候期待我们把自己的勇敢和才华贡献出来。但当国家遇到紧急情况需要你们哲学家为国家献计献策时，你们躲到什么地方去了？不仅如此，还厚颜无耻地说，搞政治出力不讨好，同胞不领情，还说君子不与小人斗，不愿意与那些危害国家的小人们面对面进行斗争，还说治国之术太庸俗不值得大学者们浪费时间去学习，还说搞政治有风险，得不偿失，随时有被灭杀的可能……

记者：

在我们这些东方国家，好多哲学家连做梦都想参与到政治中去，但就是没有机会，他们不会躲起来的，是时代不让他们为国家做贡献。

西塞罗：

喔，原来是这样，跟我们罗马确实不一样。

四 政治家与思想家，一个都不能少

记者：

对一个国家来讲，无论是政治家群体，还是思想家群体，都是必不可少的。政治家是所有国家和民族进步的领头羊，而思想家则是所有国家和民族进步的智慧之源。对于任何国家和民族的进步与发展，这两个特殊的精英群体肩负着非常特殊的使命和责任。这两个群体犹如两个太阳，共同照亮着人类所居住的地球，离开任何一个，我们的世界都会走向灭亡。对于这两个群体来讲，任何一个群体都应该谦卑地把自己看成是相对次要的月亮，而把另一个群体看成是值得特别尊敬的太阳，而不是相反。政治家与思想家这两个高贵的群体，应该明智地跳出相互指责、相互妖魔化的泥潭，而应该像两个伟大的太阳一样，相互妥协，相互尊重，双方按照共同占有的方式占有天空，又按照彼此共同的方式来服务人类。如果其中任何一个群体为一己之虚荣，拼命往另一方脸上涂墨水，那么在外人看来，你们这两个群体就是一路货色，就是一丘之貉。

西塞罗：

听你的语气，你似乎不属于这两个群体中的任何一个。

记者：

您愿意怎么想就怎么想吧，我只喜欢研究政治。

西塞罗：

那在我的理论中，你也属于政治家的一种。

记者：

笑话。

西塞罗：

绝对不是，在我看来，政治家有两种，实践型政治家是一种，理论型政治家是另一种。就这两种类型的政治家来进行一下比较，在我看来，实践型的政治家才是真正的政治家，而理论型的学者，例如你吧，虽然生活经常是很快活，也没有什么生命危险，但其价值远远不如我们这些玩命的政治人物。

五　剽窃者抑或传承人

记者：

您的观点一向如此。恕我直言，有一个问题，我特别不明白，几乎所有的西方政治法律学术史方面的学者，都认为您对西方的政治法律思想传统没有做过什么独到的贡献，细读您的著作以后，我也同意这个评价，您的著作基本上是对古希腊那些著名作家著作的拷贝而已，独创性的东西寥若晨星。

西塞罗：

你这个说法是不是太武断了？

记者：

一点都不。《国家篇》被公认为是您著作中最具创造性的一本著作，但我细细把您这本书与柏拉图的《国家篇》做了比较……

西塞罗：

有什么发现？

记者：

我发现两本书是惊人的相似，形如此，神也是如此。不会是柏拉图抄袭了您的著作吧？

西塞罗：

你就不要拐弯抹角了，柏拉图比我早出生几百年，他是不可能抄袭我的著作的。你是说我的书是剽窃柏拉图的《国家篇》。我问你，我的书在哪些方面与柏拉图的《国家篇》相似呢？

记者：

既然您真想知道，那我就直说了。

西塞罗：

说吧。

记者：

先说“形似”方面吧，有六点相似：（1）两本书所设计的对话过程中，出现的人物都相当多，而实际参加谈话的却限于几个人；（2）两本书所设计的谈话都是发生在一个神圣节日提供的闲暇里；（3）所有对话都是从远离国家的一些题目谈起；（4）各种议题，如正义与非正义、政体、理想政治家、教育和戏剧的影响的引入顺序也基本相同；（5）主要谈话者，在您的书中是西比阿，也像柏拉图《国家篇》中的苏格拉底一样，都拒绝扮演其他参加对话的人的老师；（6）两本书所设计的对话都描述了一个神秘性的体验，而把读者带到现实生活范围之外。此外，为了让人们觉得是对话，也不断营造对话被打断的细节。

西塞罗：

看来，你是真的研究过我的那本书了。我是一个政治家，我没有柏拉图那么多的闲暇时间。

记者：

别插嘴。就“神似”来说，书名完全一样，核心观点也是一样的。苏格拉底认为君主政体优于贵族政体和民主政体，您似乎也是这个观点。

西塞罗：

不过，你应该同意这样一个看法，古希腊文化是我们西方文化的最终渊源，但是在古希腊文化与古罗马文化之间存在一个巨大的断裂带。我自认为我是古罗马世界中第一个把希腊文化引入古代罗马的人，没有我的著作，人们很难了解柏拉图的著作，人们很难了解苏格拉底的思想，人们很难了解斯多葛学派是一种什么东西。你们中国人在翻译我的书时，其中有一个评价说我是“从古希腊时期到欧洲进入中世纪这一历史时期唯一具有代表性的政治思想人物”、“希腊文化的传承人”，我认为这种说法还是比较客观的。

记者：

就算是吧，或许他们说的也有一定道理。您能通过您的著作把希腊的观念移植到拉丁时代，确实也是一个了不起的创举。

西塞罗：

谢谢理解。

六　共和让罗马很伟大

记者：

通过看您的著作，我感觉到您虽然执政在帝国时代，但您对雅典和罗马的共和国却情有独钟。

西塞罗：

罗马的强大，主要有两大原因，第一个原因就是得感谢我们罗马城的创建者——罗慕路斯，他在国家首都的“选址”这个重大问题上做出了一个无比英明的决定。

记者：

什么决定？

西塞罗：

别人喜欢将首都选址在沿海之滨，而罗慕路斯则主张将首都选在一条河面宽阔、流量恒定、永不枯竭且奔腾入海的大河之岸，这样既获得了沿海国家的优势，又避免了沿海国家的麻烦，进可攻退可守。罗马的持久强大，这个英明的选择是关键。

记者：

第二个原因又是什么？

西塞罗：

罗马的共和政体是也。

记者：

如何讲？

西塞罗：

别的帝国实行寡头政治，好多重大决策往往出自一个人的头脑，大多数人被视为粪土一堆。而罗马实行共和政体，罗马的政治是建立在共和制基础之上的，好多重大决策是建立在众人的智慧基础之上的，因此多了几份成功，少了几份失败。这就是罗马之所以是罗马的原因。可惜……

记者：

可惜什么？

西塞罗：

到了今天，我们的共和国徒具共和国的外壳，而其实质没有了，早就变味了。

记者：

所以罗马就不是那个罗马了。

西塞罗：

唉！

记者：

英国历史学家爱德华·吉本在他的《罗马帝国衰亡史》中说，实行独裁制度是导致罗马帝国走向衰败的原因，您是不是赞同他的说法？

西塞罗：

我看过法国思想家孟德斯鸠写的《罗马盛衰原因论》，孟德斯鸠的观点与吉本的看法不尽相同。但我同意吉本的观点。独裁让罗马走向毁灭。

七　诉诸耻辱感遏制政治家犯罪

记者：

有一个现象，不知道您注意没注意？

西塞罗：

神叨叨的，什么现象？

记者：

我们现在这个世界为惩罚政治家犯罪制定了越来越严厉的法律，但政治家犯罪的情况还是越来越严重，屡禁不止。

西塞罗：

在预防政治家犯罪方面，发自本能的耻辱感要远比严刑峻法有效得多。因此要阻止政治家犯罪，就得千方百计唤醒潜藏在政治家灵魂深处的耻辱感。

记者：

具体如何实施？

西塞罗：

说难也难，说容易也容易。

记者：

您又开始卖关子了。

西塞罗：

通过公共舆论不断宣传，通过教育不断灌输和强化。

八　恶法非法

记者：

在《法律篇》中您曾经说过，真正的法律和正确的理性是永恒的，它们并不随着成文法规开始或者结束。

西塞罗：

我说过。

记者：

您还说正如神的心灵是至高无上的法律，每一个真正可以称之为法律的都是值得赞赏的。难道并非所有的成文法都可以被称之为法律，或者说在“法律”这一概念的定义中就固有某种价值判断？

西塞罗：

当然是。

记者：

为什么？

西塞罗：

法律是国家最大的善，一个国家如果没有法律那简直就不是一个国家，或者说简直就是一个无法无天的土匪窝。但是如果这些成文法违背理性，悖逆正义，那就不配称之为法律。

记者：

您的意思是说恶法非法。

西塞罗：

正如一个庸医开出的方子不是救命的药方，而是致命的毒药一样，一个国家制定出来的并不符合正义的法律自然也就不能称之为法律。法律的使命是惩恶扬善，如果某些法律走向了反面，自然就堕落为邪恶的教条了。

九　战争与和平

记者：

您是一个罗马政治家，但您对如何建设当时所能见的世界的统一与和平也特别关注。

西塞罗：

是的。作为一个政治家，我深切感受到人类相互竞争的残酷性与极端的危害性。就我们当时的全人类来看，也是如此。人类好像与那些最低层次的动物一样，一天到晚就是忙于屠杀，似乎一天不进行屠杀就无法活下去。长期如此下去，人类如何存在下去。人类都不存在，还有我们罗马共和国吗？

记者：

您对其中原因的解释挺有趣。

西塞罗：

我知道你说的是什么。大自然是宇宙间最伟大的神，正是这个唯一并且是绝对同一的神，把我们的宇宙连接在一起并维持着宇宙的日常运行。大自然用同样的力量，也就是血缘关系，把我们人类紧密地联系在一起。人类是同根而生，本应该和谐相处，共享永久的和平。但是，由于人类堕落已久，相互争吵，因而意识不到我们来自同一血脉的事实。每个种族都自认为是地球上唯一的物种，而其他物种都是不共戴天的异类物种，其间除了冲突、矛盾和屠杀以外没有任何别的选择。一句话，战争是现代人类彼此之间的唯一关系。这个世界怎么能有和平！我们人类要想生存下去，只有意识到这个同宗同源的事实，并服从于共同的政治安排。只有在共同的大树下，人类才有和平。只有这样，人类才能过上高尚的神的生活。

记者：

明白。

十　仅有理性是不够的

记者：

看您的著作，我感觉有点小矛盾。

西塞罗：

什么矛盾？

记者：

一方面您对理性非常重视，您把最好的国家和最好的法律视为某个缔造者卓越的个人智慧的产物；一方面您又非常重视历史与习俗的价值。您如何解释这个？

西塞罗：

我是一个思想家，决定了我不可能否定理性的价值；我是一个政治家，决定了我的思想和行动不可能受制于某种抽象的理性的制约。在我看来，理性和传统、历史是可以结合在一起的。我们罗马共和国长期坚持的惯例、法律制度就是理性的体现。

十一　宗教法的价值

记者：

您的意思是不是说，您集政治家和思想家于一身，在您的政治生涯中，您不仅要重视理性的作用，您还要高度重视历史与传统的价值。是这样吗？

西塞罗：

自然，一些政治家喜欢动辄就从什么抽象的原则来作为决定自己的行为的准则，而我则高度重视宗教法的作用。在一般人看来，宗教法与理性是完全相互矛盾的，而我则善于通过宗教法来实现政治目的。

记者：

说说您的观点与做法。

西塞罗：

在我看来，宗教法的作用更多是对一个民族具有精神上的凝聚力，而对个人则具有精神上的净化和升华作用。因此，对于我们这些政治家来说，治理国家，不能拘泥于繁琐的规则、文字和愚蠢的信条。我通过宗教法来要求人们不要给神敬献土地和贵重的财物，我通过宗教法禁止人们去搞奢华的葬礼，最后都取得非常好的成效。

记者：

这个观点似乎卢梭也说过。宗教法是一种什么东西？

西塞罗：

你们中国人经常说的“礼”，在我看来就是宗教法。

附：西塞罗简传

马库斯·图留斯·西塞罗（前106～前43年），古罗马著名政治家、演说家、雄辩家、法学家和哲学家。出身于古罗马奴隶主骑士家庭，以善于雄辩而成为罗马政治舞台的显要人物。从事过律师工作，后进入政界。开始时期倾向平民派，以后成为贵族派。公元前63年当选为执政官。其著作主要有：《国家篇》《法律篇》等。

第四章

万恶之源在于体制性腐败

——对话马可·奥勒留

引　子

拥有若干位英明的领袖，曾经让罗马一度成为最适宜人类生活的国度，但因为缺乏好的政治，也让罗马帝国最终葬身在卡皮托山的废墟下。万恶之源在于体制性腐败。无论是作为学者，还是作为政治家，都应该关注政治。因为，没有好的政治家，国家就没有好的现在；没有好的政治，国家就没有好的未来。

一　写给自己

记者：

人写书，总是有些目的的。

奥勒留：

那是当然。

记者：

有人写书是为了扬名天下，这些人喜欢寻找一些别人不愿意或难以涉足的题目，专门发表一些惊世骇俗的另类言论，语不惊人誓不休。他们喜欢找一些大牌出版社去出版自己的著作，他们还喜欢请一些声名显赫的人，最好是身居高位的官员、获得诺贝尔奖的大科学家为其写序推荐。书出来后，这些人到处给自己周围的人赠送作品，还不惜血本到处做广告，做书评，搞连载，恨不得要全宇宙的人都知道他出版什么大作了。这些人为名而活着，他们写书不为别的，就是为了追求轰动效应，就是为了成为明星，就是为了名垂史册。

奥勒留：

是的。这种人很多，我估计你周围也不少吧？

记者：

是的。有的人写书就是为了赚钱。在这些人的眼中，写书就是做买卖，与卖茶叶蛋、倒卖煤炭、倒卖黄沙、倒卖黄金制品没有什么不同，与替人盖楼、帮助人家介绍生意赚钱没有什么不同，甚至与帮人家消灾、做一些不明不暗的事情去赚取一些佣金没有什么不同。他们从不去搞什么严肃的课题，市场上需要什么他们就写什么，什么书卖得火爆他们就出版什么书。为了多赚钱，有时候，像老大妈翻烧饼一样，一年就能炮制出几十本，甚至是几百本书。你到当今的书店去看看，十之八九，全是这些书。你逛书店，就与到杂货店、超级市场、证券交易所没有什么不同。这些人为利而活着，出版书、写书，就是为了赚取差价，就是为了获得超额利润。

奥勒留：

不过，你是不是把他们分得也太绝对了，太简单了。似乎不是为了出名就是为了谋利，其实二者是可以兼顾的。那些有本事通过自己的著作使自己名垂青史、名扬天下的人，也不可能一贫如洗，相反，因书而带来的名气也会为其赚取商业利益提供莫大支撑的。著作等身却常常饥肠辘辘的人是笨蛋一个。还有，烧饼翻多了，也会成为知名品牌，久而久之，也会名扬天下，也会名垂青史。好多百年老店就是这么来的。

记者：

言之有理，您的总结我喜欢。那我问您，您写书的动机是什么呢？

奥勒留：

你猜猜。

记者：

为名？好像不对。您身为罗马帝国的大皇帝，南征北战，声名显赫，天下没有几个人会比你更有名气，再说了，您写的书您也从来没有打算将其出版发行，您也没有请哪个名人为你写序，去写推荐信，所以说您写书是为了出名，为了名扬天下，似乎不对。

奥勒留：

嗯。你说的没错。

记者：

为利？似乎也不对。您的父亲本是西班牙人，但您出生时，他就是当时罗马帝国的皇帝维斯佩申的朋友，并获得了贵族身份，家里就不差钱。您的父亲虽然不幸早逝，但您的童年是在你叔父的直接培养下成长起来的，您的叔父本身就是一位皇帝，您后来又是黄袍加身，“溥天之下，莫非王土；率土之滨，莫非王臣。”全罗马的财富几乎都是您自己家的，所以您不缺钱，因此说您写书是为了赚钱肯定也不对。

奥勒留：

嗯。你说的没错。

记者：

奇了怪了。那您写书是为啥？

奥勒留：

你的分析是对的。作为罗马帝国的皇帝，我一不缺名，二不缺钱。我的书稿要不是被我的部下硬逼着拿出来，我就计划让其自生自灭，或者干脆留着让老鼠们用牙齿去批判。我现在很后悔把稿子给他们，当时那种生离死别的情绪让我无法控制自己，一激动把书稿当作遗产交了出来。这点足以证明我写这本书不是为了让后人去看。至于为钱的事情，就更不需要解释了。

记者：

您的话我相信。

奥勒留：

我那书是写给自己看的，也可以说就是一本日记。我虽然是九五之尊，但身边真正的朋友没有几个，没有人与我说话，遇到事情，有些想法，我也只能自己跟自己说话。我写书，就是跟一个人喝闷酒一样。不过我与那些喝闷酒的人不完全一样，那些人只有在不高兴的时候才会喝酒解闷，而我呢？不高兴时喝，高兴的时候也喝。我为自己倒酒，向自己敬酒，甚至是自己跟自己赌酒。一句话，我是一个人自己喝酒，我为自己写书。

记者：

您的话我相信，孤独的灵魂需要自我解压，需要自我解脱。您的书不讲究什么修辞语法，字里行间常常出现的不是“我……”，而是“你……”，还常常用破折号隔出不同意见，也没有什么精美的体系、完整的结构，有时候您说了一半就转到别的话题上了。确实，我能感到这是一个您在与另一个您对话。

奥勒留：

读我的书，像你这样用心，也是不多的。

记者：

一些政治人物说把您的《沉思录》放在床头，天天都看，前前后后可能读了一百多遍。

奥勒留：

真有这事？

记者：

或许有吧，说读一百遍我看有点夸张。他可能把随便翻一下就作为一遍了吧。这么说话，作秀的成分偏重。不过，我确实是买了两个不同版本的《沉思录》，前前后后看了一个多月时间，现在还在看呢。

奥勒留：

心得如何？

记者：

在上次采访您的时候，我就向您通报了我的心得。

奥勒留：

再说说。

记者：

我在那篇报道中是这样写的："在为利而来来往往的人群中，阅读您的《沉思录》，真是另有一种别样的感觉，既感觉到您书中的每句话宛如空灵中的天籁之声，又感觉到这些声音与周围的环境是那么的格格不入。看您的书，我会不断想起主张禁欲的基督教新教教派，也会想起那些时时与世俗的欲望进行搏斗的佛教徒们，也会想起那个与一个非常不雅的名词联系在一起的古希腊哲学流派。"

奥勒留：

经过你这么一提醒，我想起来了。我记得你告诉我那个"非常不雅的名词"就是"犬儒主义"，是吗？

记者：

是啊。

奥勒留：

你把我说成是一位犬儒主义者，我明确告诉你我不是犬儒主义者，我是斯多葛主义者，与犬儒主义者不是一回事。

记者：

不好意思！难道是我弄错了？

奥勒留：

在判断是不是你弄错之前，我先问你一个问题。

记者：

什么问题？

奥勒留：

犬儒主义是什么意思？犬儒主义学派是怎么回事？

记者：

对古希腊古罗马哲学我是略知一二的，苏格拉底毫无疑问是古希腊“哲学之父”，他被希腊民主政府判处死刑立即执行以后，柏拉图成为其哲学的最正宗、最权威的继承者，除此之外，苏格拉底的学说在其他的弟子中还形成了三个学派：一个是快乐学派或者叫做居勒尼学派，一个叫做麦加拉学派，一个就是我们所探讨的犬儒学派，这个学派也有人称其为昔尼克学派。这三个学派统称为小苏格拉底学派。归纳一下就是说，犬儒学派就是苏格拉底之后继承苏格拉底学说的一个小流派。其核心思想就是反对任何现代文明，主张压制人的欲望，主张回到最原始的生活。一句话，与佛教理论，与中国的道教理论，与印度教的一些信条大同小异。

奥勒留：

你说的差不多。那为什么要以“犬儒”二字来称呼这个学派呢？多么不好听的一个词。

记者：

先说第一种说法。犬儒学派的首创者是雅典人安提斯泰尼，他的母亲是色雷斯人，他是在取得事业上的成功之后才正式成为雅典公民的。安提斯泰尼跟随苏格拉底研究哲学，他是苏格拉底的忠实弟子。据说安提斯泰尼对苏格拉底的死一直耿耿于怀，他曾经设计使控告苏格拉底的人有的被流放，有的被判处徒刑。由于安提斯泰尼经常在雅典附近一个名为“白犬”的运动场所谈话讲学，这是一个外邦人和穷人进行体育锻炼的场所，人们于是就把这个地名作为这个学派的名字。“犬儒主义”由此而产生。

奥勒留：

还有什么说法？

记者：

还有人说人们之所以用“犬儒主义”来命名这个学派，那是因为这个学派创始人的生活极其简陋，与狗几乎没有什么不同。据说，这个学派的学者们经常被称为“纯种犬”。有意思！

奥勒留：

犬儒学派最著名的代表是出生于黑海边的城邦——西诺布的第欧根尼。他的生活跟狗真的几乎没有什么不同。

记者：

是一种什么样的生活？

奥勒留：

第欧根尼被人称为“犬”，他不以为耻反以为荣，他讨厌任何文明，主张要以动物的生活作为人类生活的楷模。他不仅如此主张，而且身体力行。他是一个十足的乞丐，整天游荡在雅典的大街小巷，他平时就住在一个小市场里，睡在一个木桶里，这个木桶人称“第欧根尼木桶”。一根橄榄树干做成的棍子，一件褴褛的外衣，一只取水用的破杯子，就是他的全部家当……这就是“犬儒主义”，你说你读过我的《沉思录》，难道我就是这样的人？

记者：

显然不是。我知道您会说您是斯多葛主义者，而不是我说的“犬儒主义”者，原来我也认为这两种主义有很大的不同，不过在看过您的一尊铜像之后，我就意识到您所信奉的斯多葛主义与“犬儒主义”从本质上讲简直没有多少不同。

奥勒留：

从一尊铜像就能看出两种哲学的相同性，真是让我佩服。

二　忧郁的铜像

记者：

您对基督教很不友好，我听说您曾经颁发过一道诏书要取缔基督教，但基督教世界对您并不记恨，在中世纪他们全面清理那些希腊罗马异教艺术时，他们很大度地把您的铜像保留了下来。对比一下人家，您是不是感到有些惭愧呢？

奥勒留：

真是阴差阳错。我是反对基督教的，基督教世界对我是不可能予以宽恕的，因此，只要有机会，他们一定会报复我的。罗马皇帝中，君士坦丁大帝对基督教最好，如果没有君士坦丁的保护，基督教教徒的遭遇或许更加惨不忍睹。所以，对我们的君士坦丁大帝基督教世界是心存感激的。我很幸运，中世纪的基督教徒们把我的铜像当做君士坦丁的铜像了，他们不仅没有把我的铜像砸成粉末，还把我的铜像安放到罗马的莱特兰宫门门前供人瞻仰，到1536年，当时著名的艺术家米开朗基罗整修市政广场时，还把我的铜像安放到那里。

记者：

不知道别人怎么想，但我一看到您的铜像，就会不由自主地联想到几个名词。

奥勒留：

哪些名词？

记者：

惆怅、失望、低沉、彷徨、迷茫，甚至还有绝望、死亡等等。

奥勒留：

何以如此？他们把我雕刻成了什么样子？让你会有这么多不愉快的联想。

记者：

您是一位政治家，最起码也是一位军事家，但从您的铜像上，我怎么也找不到您作为那种不可一世的大人物的影子。人们常常说，眼睛是心灵的窗户，但是您的眼珠和眼球却被下垂的上眼皮遮盖着，呈现出一种半隐半现的状态，人家眼睛是炯炯有神，而您的眼睛却是茫然无力。别人骑在马身上英姿飒爽，举手投足之间尽显英雄本色。而您却是满脸愁云，不知道在思考什么哲学问题。您举起了右手，但那不是发号施令的架势，而是奉劝人民要安身立命逆来顺受。就连您骑的战马也是四平八稳走路的姿态，哪有什么虎虎生风的影子……

奥勒留：

原来我被他们雕刻成那个样子。

记者：

不是雕刻家的错，那才是真正的您！

奥勒留：

真正的我？

记者：

当然啦。从您的眼神中，我发现您虽然身为皇帝，看似叱咤风云，不可一世，但在您躯体的深处，是一个绝望的灵魂。

奥勒留：

你说的也是。我在位近 20 年，战火不断，天灾频仍，洪水、地震、瘟疫，东方安息人的骚扰，北方野蛮人的进攻，加上刀光剑影的内部争斗，让我心力憔悴。我不想当这个皇帝，但是命运把我牢牢地捆在这个位置上。我一辈子最大的愿望你知道是什么吗？

记者：

是什么？

奥勒留：

我一辈子最大的愿望就是呆在一个与世隔绝的农家小院，不受打扰地看书，不受打扰地思考，不受打扰地写作，但是这对我来说就是一个永远也不可能实现的梦。我最终是死在前线，带着永远都无法实现的梦离开了这个世界。我真的觉得，生不如死……

三　积极追求死亡

记者：

看来我的看法是对的，如果说犬儒主义者追求的是像动物一样地活着，那么您的追求甚至连活着都不想活着，而是积极地追求死亡。

奥勒留：

你说的对。人生就如朝露，它的实质就像涓涓不绝的河流，感觉是模糊的，人的整个形体结构极其脆弱。心灵忐忑不安，命运就像谜一样，荣誉是不可靠的。

记者：

您还告诫人们应注重人的内心世界，鄙视享乐，平心静气地去等待死亡。每一个人的生命都若蜉蝣，即使延续最长的，也将一去不复返，生命永远是微不足道的。听说您经常想到死亡？

奥勒留：

没错。我经常想到死亡。

记者：

您不仅鼓励人们不要怕死，而且要热情地欢迎死亡。为什么？

奥勒留：

哲学家蒙田说过："学习哲学就是学习如何去死。"我也同意这个观点。这个世界中值得我们留恋的东西实在是太少了。因此，当我们远离死亡的时候，一定要把死亡这个问题搞清楚。明白了死亡就是明白了一切。当我们面对死亡的时候，我们就能安之若素，脸不变色心不跳，从从容容地死去……

记者：

哇噻！作为罗马人民的最高领袖，竟然奉行着一种让人绝望的死亡哲学，难怪貌似坚不可摧的罗马城墙在您如愿死亡以后就一天比一天颓败，直至最后轰然倒塌。

奥勒留：

我无话可说。

四　基督教与罗马

记者：

在人类历史上，恐怕没有哪个事件能比罗马帝国的崛起更壮观的了，自然，恐怕也没有哪件事能比罗马帝国的衰败与灭亡更悲壮的了！无论是对于我们这些普通人，还是对那些大学问家，罗马都是个让人挥之不去的梦，也是个让人百思不得其解的谜。有人认为，基督教的出现对于重建道德起到了关键性的作用，因此，如果没有基督教，或许罗马帝国早就灰飞烟灭，不可能存在那么多个世纪。而您在书中则以一种罕见的尖刻大批基督教对罗马帝国造成的负面影响，似乎基督教的出现应该对罗马帝国的灭亡承担所有责任。

奥勒留：

基督教对罗马帝国确实是有百害而无一利。

记者：

在您的影响下，罗马的一些历史学家更是直言不讳地说“基督的胜利即罗马帝国的死亡”。例如佐西穆斯，他写了不少书，对基督教进行了猛烈的攻击。在佐西穆斯的笔下，基督教简直就是摧毁罗马帝国的罪魁祸首。

奥勒留：

他的观点我基本同意。在促使罗马灭亡的过程中，基督教起到了推波助澜的作用。例如，基督教摧毁了罗马人的神明信仰，破坏了罗马传统的道德和国家安定的基石。基督教不仅反对古典文化，也反对科学、哲学、文学和艺术，并将东方的神秘仪式带进了罗马人本来很恬淡的生活之中，导致罗马人的思想发生巨变。基督教不求积极进取，而消极准备末日的来临，个人则迷信通过忍受苦难和诉诸祷告来获取神的恩赐，以求得解脱，而不愿意效忠国家以得到集体的拯救。此外，基督教对于我们这种大一统的国家体制也是怀恨在心，信徒们不热心公共事务，拒绝服兵役，当国家遭受灾难，需要人民牺牲自己为国家和民族而战时，基督教却散布和平与反战的邪念。

记者：

您是不是说，基督教就是导致罗马帝国灭亡的根本原因？

奥勒留：

我一直这么认为，但平心而论，基督教在罗马帝国的大肆传播仅仅是罗马灭亡的结果，而绝对不是最根本的原因。把基督教说成是罗马灭亡的根本原因，甚至断言罗马的灭亡就是基督教的胜利，也有点太过看重基督教的影响了。

五　匈奴人腰斩罗马

记者：

有人说蛮族人也要对罗马的灭亡承担一定的责任，是这样吗？

奥勒留：

是的，罗马帝国初期，我们的人口是不断增加的，在这种情况下，我们不怕野蛮民族的入侵，但到后来我们的人口急剧减少，于是就为外面的野蛮人入侵提供了可乘之机，波斯人、日耳曼人、萨尔马提亚人、东哥特人、西哥特人、汪达尔人、土耳其人、诺曼人、匈牙利人、俄罗斯人、阿拉伯人、蒙古人、突厥人……就如洪水猛兽一般涌向罗马。

记者：

罗马如此强大，为何不能如我们中国人一样把这些蛮夷之族予以同化呢？

奥勒留：

你说得倒轻巧，罗马太大了，蛮夷之族如蝗虫一样漫天遍野。凭心而论，一些民族如日耳曼人的文化丝毫不比我们的差，加之帝国出了好多不争气的皇帝，一天到晚忙于淫乐，罗马逐步失去了同化他人的能力。你不去同化别人，别人就要把你同化掉。

记者：

与您交谈这么久，现在我终于明白了，原来基督教的渗透和蛮族的入侵，就是罗马帝国走向没落的根本原因。

奥勒留：

我并没有这么说。罗马帝国在公元后一两百年左右的时间就明显露出种种“下世”的迹象了。但无论是基督教，还是蛮族人对罗马帝国的冲击则是在公元三四百年左右，因此，导致罗马帝国灭亡的祸根早在基督教征服罗马、蛮族人入侵罗马之前就埋下了。因此，这两个原因只能说是导致罗马帝国灭亡的外因，是次要的原因。

六　独裁让人民成为侏儒

记者：

既然上面我们所讨论的两大原因，都不是罗马帝国衰亡的最核心原因，那么最核心的原因到底是什么呢？

奥勒留：

你还真的把我问住了，我也是百思不得其解。不知道你对这个问题有什么高见呢？

记者：

不敢说是高见，罗马帝国的衰败，一个时间上的节点就是公元 2 世纪。

奥勒留：

这就奇了怪了。公元 2 世纪是罗马帝国的黄金时期，罗马据有地球上最富饶美好的区域，掌握人类最进步发达的文明。自古以来声名不坠而且有纪律严明的勇士保卫着辽阔的边界。法律和习俗温和却能发挥巨大的影响力，逐渐将各行省融合为一体。享受太平岁月的居民，尽情享受着先人遗留的财富和荣光……而你竟然说公元 2 世纪是罗马衰败的节点。

记者：

公元 2 世纪，罗马皇帝屋大维废除罗马长期实施的共和政体，取而代之的是一个独裁的“奥古斯都”体制，导致罗马帝国走向衰败而最终灭亡的就是这个东西。

奥勒留：

好多学者也是这么说的。

记者：

罗马帝国到了其无限荣光的巅峰阶段，衰败的伏笔就已经埋下了。屋大维统治罗马让罗马走到了历史的巅峰，但是屋大维建立的那一套政治体制，也就是你所说的“奥古斯都体制”，其负能量也开始释放。这时候的罗马表面上虽然继续维持共和的形式，但实际上罗马共和体制已经是徒有其表了，元老院不再是国家权力的掌握者，而皇帝则把权力收归囊中。皇帝大权独揽，已经没有任何机制可以对皇帝的权力进行制衡。失去制衡的权力必然腐败。罗马帝国也从此走向了不归之路。

奥勒留：

好多学者也是这么说的。

记者：

屋大维建立的“奥古斯都”体制衍生出很多严重问题，禁卫军干政就是其后果之一。共和体制下的统治者对人民的统治取决于人民的信任，因此他要想把自己的政权持续下去，就必须以自己的德性来争取人民的支持。而在专制体制下，情况就不一样了。

奥勒留：

你说我听，不一样在什么地方？

记者：

屋大维深知，要维持他对国家的统治，就必须依靠强大的武力，因此，屋大维就决定建立一支直接归属其指挥的禁卫军，禁卫军的职责就是随时保护皇帝，威吓元老院，或者随时扑灭一切叛乱。可以说禁卫军体制是导致罗马皇帝们飞扬跋扈，最终走上穷兵黩武，胡作非为，把罗马推向灭亡之路的关键原因之一。

奥勒留：

不能说你说的没道理。

七 领袖当有点理想

记者：

作为一位君主级思想家，您认为君主的最高理想是什么？

奥勒留：

君主的最高理想，不应该是开疆拓土、横征暴敛、唯我独尊，而是人民的自由。君主制定法律，一定要充分尊重人民的意见，在实施法律的时候，一定要平等化，绝对不能搞差别对待。伏尔泰曾经在他的《哲学辞典》中盛赞我们罗马实行无限制的言论自由和思想自由。他说得很对，对一个开明的君主来说，百花齐放、百家争鸣，并不会影响到他的政治统治，相反，最大限度地让人民参与到自己的政治决策中，则大大有利于他的政治统治。

附：奥勒留简传

马可·奥勒留（121～180年），罗马帝国五贤帝时代最后一个皇帝，于161年至180年在位，人称“哲学家皇帝”。马可·奥勒留是罗马帝国最伟大的皇帝之一、斯多葛学派学者，其统治时期被认为是罗马黄金时代的标志。他不但是一个很有智慧的君主，同时也是一个很有成就的思想家，有以希腊文写成的关于斯多葛哲学的著作《沉思录》传世至今。

第五章

民之声即神之声

——对话马基雅维利

引 子

近代史上有千千万万个不解之谜，马基雅维利和他的理论就是一个。在人们的评价中，他是一个极其玩世不恭的人，一个满怀激情的爱国者，一个政治阴谋家，一个疯狂的民族主义者，一个地道的民主主义者，一个吹捧暴君的无耻文人……这些评价或许互相矛盾，但各有其一定的道理。然而，这些评价无论是对马基雅维利本人，还是对他的思想，或许都是不全面的。我必须说明的是，人们习惯于仅仅根据《君主论》一书来把握马基雅维利的思想。要全面认识这个人，还得认真研究他的《论李维》《佛罗伦萨史》《战争的艺术》，还有他的《曼陀罗花》等著作。

一 法国人太教条

记者：

听说您是佛罗伦萨人？

马基雅维利：

是的。

记者：

差一点我就到了您的家乡看看你的旧居。

马基雅维利：

我名声不好，无后人，死后什么也没有留下，不值得看。那你为什么没有到佛罗伦萨呢？

记者：

因为我的银行卡流水账不理想。

马基雅维利：

听不懂。

记者：

此次欧洲之行原本是一次集体项目，意大利和法国捆在一起，法国人太教条，硬要旅客提供什么6个月的银行卡流水账，结果我的欧洲之行泡汤了。

马基雅维利：

我担任国务秘书期间，经常出访法国，法国人很浪漫，不会如此死板吧？

记者：

今非昔比，或许是堕落的缘故。

二　成则王侯败则寇

马基雅维利：

也许是。有一个问题问你：作为一个商人，我不明白你整天还要写那些书干嘛？

记者：

研究真理，让自己活个明白。您要知道，我只是一介书生，与你们这些国家的栋梁之材不一样，我写书说的虽然都是天大的事，但图的只是个人的一点乐趣而已。中国有一句古话，叫“知足者常乐”，看到自己的作品通过印刷机成为标准化的书，感到惬意的很。仅此而已！

马基雅维利：

还有别的目的吗？

记者：

仅此而已，没有。与您不一样。

马基雅维利：

什么意思？

记者：

我是说，我写书，一不是为了别人赏几个小钱花花，二不是为了讨好别人，让别人给个一官半职当当。

马基雅维利：

动机如此纯正，真是可歌可泣！不过我觉得你是不是太书呆子了。

记者：

那在您看来，写书的目的应该是什么？我知道，您在1525年6月把您的八卷本《佛罗伦萨史》献给朱里·美第奇教皇，也就是那个克莱芒七世，目的就是为了得到那120枚金币。您把您于1513年写成的《君主论》献给统治佛罗伦萨的洛伦佐二世，目的就是为了求这位君主给您赏一个职位。

马基雅维利：

是的，这有什么不对！我出生在一个显赫的官宦世家，到我这一代是第四代，家道虽然败落，但那底子还在，我必须在政治上有所作为，也好恢复祖宗的荣耀。人在世间，求不得高官厚爵，就应该求得财富。拍马屁、写书乃至行贿都不过是手段而已，只要能实现上面的目的，都是应该做的，这没有什么可谴责的。

记者：

您的意思是不是说：只要能达到目的，无论采取什么手段，都是值得肯定的。如果每个在官场中的人都是这么想的，那还有什么政治道德可言，如果我们的国民都是在你们这些没有道德的官员的统治下，那该如何生活下去？

马基雅维利：

你太过天真了，我明确告诉你，在政治领域，没有什么道德可言，你们中国有一句话……

记者：

成则王侯败则寇。

马基雅维利：

就是这句话，一语道破天机，还是你们中国人厉害。人在世间的位置是上帝安排好的，既然上帝把你安排在政治这个位置上，你就要按照上帝的意志去做，最大限度地利用你拥有的资源，实现政治上的飞黄腾达，就是对上帝最好的敬重，反之，榆木疙瘩一样的脑袋，什么东西都强调原则，强调约定俗成的教条，而最终一事无成，例如你，则是对上帝最大的大不敬。

记者：

听您说话，我感到后背不断冒汗。

三 守信也要看条件

马基雅维利：

我知道，你是假清高，你骨子里也是一个野心家，心比天高。不谈你了，还是说我吧。人们经常谴责君主残暴、不讲信用。

记者：

一个不讲信用、残暴无度的君主是不会长久的。

马基雅维利：

错。请你告诉我，有哪个君主是依靠所谓的讲信用，依靠所谓的讲仁慈起家的？

记者：

例如古希腊的伯利克里、中国的刘备……

马基雅维利：

你是真的不了解他们，还是假的不了解他们？

记者：

……

马基雅维利：

在普通人看来，君主应该是一个仁慈的父亲，和蔼的兄弟，豁达的姐妹。我姑且不说具有这种品质的人能不能成为君主，我只想指出，残暴有什么不好？残暴可以保持国家的稳定，可以保持社会的和谐，可以让各个种族的人相安无事。如果一味强调仁慈宽厚，就不可能压住那些唯恐天下不乱之徒，他们必然随时会造反，而把社会搞得一塌糊涂，其必然的结果就是生灵涂炭。孰优孰劣，不是一目了然吗？

记者：

那君主说话不算话，终究不是一个好品质吧？

马基雅维利：

君主说话算不算数，如同你们商人一样，完全取决于目的。如果说话算话，给人一种讲信用的印象，而能成就你的大事，那就应该说话算数。反之就没有必要。

四　君主与野兽

记者：

一个任性残暴的君主与野兽没有什么区别。

马基雅维利：

君主与野兽本来就没有必要有什么区别。统治人基本上有两种手段，一种是人的办法，简称人法，就是利用道德法律的手段驱使人去服从，你要知道这个手段极少达到成效，往往都会以失败而告终。

记者：

另一个手段？

马基雅维利：

另一个手段就是诉诸冷酷无情的暴力，就是强力的屠杀和打压。这就是兽的方法，此方法最好使，往往是立竿见影，一蹴而就。人间最伟大的政治家就是那些最善于利用人法和兽法来统治其臣民的君主。我们的凯撒大帝，你们的汉武帝，就是这样的君主。

记者：

我明白您的意思，在一个危机四伏的世界里，一个君主要想确保自己的江山不被他人窃取，就必须学会不择手段来巩固自己的政权，狡猾起来要像狐狸，野蛮起来要不亚于狮子老虎。我想再问问为什么要如此呢？

马基雅维利：

这是由人性所决定的。人性虽然时善时恶，但总体上是坏的。这一点，英国的学者霍布斯看得最清楚。作为一个君主，必须把周围的每个人都看成潜在的刺客，稍不留神就会被这些人置于死地。要想自己的江山不被这些潜在的对手抢走，就必须诉诸暴力与残忍。软弱无力的善良人不配当一个君主。你们中国那个会写诗的李煜就是这样的角色。也就是说，一个君主千万不要指望得到其国民和左右亲信的热爱，爱只会让别人把你不当回事，而恐惧则从不失灵。

记者:

让人毛骨悚然。

五　关于伪善

马基雅维利:

当然，作为一个君主也要学会伪装和善。

记者:

伪装和善?

马基雅维利:

是的。君主必须善于戴面具而摘除别人的面具，善于掩饰自己的恶意而看穿熟人亲信内心的恶意。

记者:

如果人们都是这种心态，那他们的生活真是惨不忍睹了。

马基雅维利:

你误解我了，我是在谈论政治，而不是谈论你所说的生活。例如，夫妻之间就要依靠爱的力量，而不是依靠恨和恐惧的力量来维持。政治是人类施展其最丑恶本性的最大舞台。政治是一个独特的领域，在这个领域奉行着完全不同的原则。千万不能混为一谈。

记者:

照此说来，如果要在政治上有所作为，就必须比常人付出更多的心血，你不仅要时时处处防范别人的陷害，还得时时处处准备收拾那些潜在的竞争者。委实艰难辛苦啊。

马基雅维利:

万事可舍，如果你想贪图清静，就不要往政治领域挤。好像你对此看得比我更清楚。

六　时代让我明白一切

记者:

我不明白，在您之前，为什么就没有人敢于赤裸裸地说出您敢于说出的这套狂言？

马基雅维利：

是时代让我敢于说出心中想说的话。

记者：

时代？

马基雅维利：

在我之前是中世纪，人们普遍相信存在一种自然法。这种自然法给人们提供了规定善和正当的道德规范，这些规范不仅适合于普通人，同样适合于国王和皇帝。在这种文化下，任何人要想为所欲为，要想穷兵黩武，就不能不有所顾忌。而到了我这个时代，就完全不同了。个人主义、利益至上、人格分离，成为一种普遍现象。人与人之间、国家与国家之间陷入一种你死我活的境地。在这种情况下，每个君主国要想维持自己的生存，就必须不择手段地摧毁他人而保全自己。为达到这个目的，自然就没有人在乎你的行为是不是合乎道德，是不是合乎正义了。

记者：

于是乎，政治与国家的非道德化，政治人物的野蛮化、无耻化成为一种司空见惯的现象了。于是您横空出世了。

马基雅维利：

你很聪明。

七　好国家与坏国家

记者：

那么，根据您的理论，什么样的国家是一个好的国家呢？

马基雅维利：

好的国家就是被英明的君主予以强力控制而保持稳定的国家，为了稳定，一切手段都可以利用，一切都可以抛弃。

记者：

包括宗教，包括道德。

马基雅维利：

没错。

记者：

但是，您在《罗马史论》中却又说凡是建立专制政治的人都不是好人，如何理解？

马基雅维利：

不同时期有不同的想法吧。

记者：

您在《论李维》中把共和制夸成一朵花，您说最上等人是宗教始祖，其次是君主国或共和国的奠基者，然后是文人，在《君主论》中却对君主制赞不绝口，您到底喜欢哪一种体制？

马基雅维利：

我在《论李维》中的许多观点与在《君主论》中的观点确实有些不一样。我在《论李维》中把历史上的那些著名人物按照道德品行进行了评级，评级你知道吗？

记者：

也就是根据既定的标准把这些人分成三六九等呗。我干过金融评级的事情，所以对评级什么的心里也是一清二楚。

马基雅维利：

在我的评级中，我确实是把宗教师祖列为最上等人，这些人以其信仰和思想征服人类；我确实也是把那些国家的开国元勋们列为第二等人，这些人在人间建立了不朽的功业。文人，例如你我，就属于第三类。

记者：

不是坏人就行，那被您排除在这三种人之外的坏人有哪些呢？

马基雅维利：

坏人大体有四类：破坏宗教的人是坏人，颠覆共和国或王国的人是坏人，与美德和学问为敌的人是坏人……

记者：

才三类？

马基雅维利：

还有，凡是建立专制政治或助纣为虐者，也不是好东西。

记者：

听您说话的口气与之前完全不同。

马基雅维利：

我知道你从内心深处对本人嗤之以鼻，不管你相不相信，我是一个彻底的共和主义者，在我的眼中，任何形式的君主制都是短命的过渡政治形式。为了讨好那些君主，我不得不说些违心的话，也请你理解为盼。我谴责任何形式的独裁制度。历史也一再证明，无论是贵族制，还是君主制，都属不道德的政治选择。

八 人民的声音就是神的声音

记者：

您也有资格谈政治道德？

马基雅维利：

你愿意怎么想就怎么想吧，反正你的脑袋是长在你的肩膀上的。

记者：

在您的《论李维》中，到处都能看到“自由”两个字，您心目中的“自由”到底是什么意思？

马基雅维利：

如何从理论上给自由下一个定义，我不会，我只知道自由是一种好东西。自由具体说来就是一种政治自由，就是让人民进行自由的表达。人民有机会自由表达，国家就好了。

记者：

什么原因呢？

马基雅维利：

我看过英国神学家阿鲁昆的书《书翰集》，你看过没看过？

记者：

我看书很少。

马基雅维利：

瞎谦虚，伪君子一个。

记者：

随便说说，不过您说的这本书我真的没看过，不是谦虚。这位神学家说什么？

马基雅维利：

阿鲁昆说："民之声即神之声！"

记者：

喔。

马基雅维利：

人民的声音就是上帝的声音，最普通的民众，其拥有的智慧与贤达要远远超过那些君主，既然如此，拥有更多的自由，就是拥有人民的智慧，这个国家也必然会富有灵性而更蕴含持久的品行。难道不好吗？

九　均衡才是硬道理

记者：

您一会儿君主制不错，一会儿把所谓的人民捧上了天，似乎民意超过了君主的意志而更有价值。

马基雅维利：

是这个意思。

记者：

既然绝大多数民众的意志更有价值，那如何通过某种政治设计，而让民众的意志发挥作用呢？

马基雅维利：

这个问题我已经研究过，且有定论。

记者：

说说。

马基雅维利：

对一个国家来说，最重要的莫过于三件事：一件事是民族独立；一件事是安全；一件事是井然有序的政治组织。

记者：

关于民族独立和安全，您不用说我也心知肚明，关于“井然有序的政治组织”，还得请您详细说说。

马基雅维利：

至少有两点很关键：一点是法权分配的合理性，也就是组成国家的各个阶级和阶层之间，依照各自对国家的贡献和实际力量来分配权力，按照这种原则组织起来的政府比较稳定；一点是多给民众一些权力，这点我也说过，民众的智慧就是神的智慧，建立在高度智慧基础上的国家必然强大。

十　一览众山小

记者：

您虽然是官迷心窍，但一辈子也没有当上什么像样的官。不过您的《君主论》确实是一本绝对的“政治心理学”，无书无人能望其项背。作为一个普通的官吏，您为什么能对那些君主的心理把玩得那么准呢？

马基雅维利：

你或许有所不知，风景画家如想描绘山岭与高地，他们就得置身于卑谷洼地之处，如想纵览广袤的平原，他就得高居山岭峻峰。

记者：

您想说什么？如此诗情画意。

马基雅维利：

同样的道理，唯有那些高高在上的君主，才能了解那些普通的臣民；唯有那些平头百姓，才能真正了解他们的君主。我一辈子没有当上什么像样的官，简直与平民没有什么不同。恰恰因为这一点，我才能猜准那些达官贵人和君主们的心理。这就是答案。

十一　我不是撒旦

记者：

您死后，围绕对你的评价，人们是打得不可开交。

马基雅维利：

似乎是这样。我知道自己迟早会被埋在世人的唾沫之中。

记者：

恨您的人把您说成撒旦，说您会把人类引入地狱，千方百计要从理论上与您切割开来。喜欢您的人则把您说成政治学真正的开山鼻祖，甚至有人夸张地把您说成是拯救人类的救星。说句心里话，这话我听起来有点肉麻，鸡皮疙瘩满身爬。

马基雅维利：

确实是太夸张了。就品性而论，我与你基本上属于一种类型。

记者：

与我一样？

马基雅维利：

是的，既不是好人，也不是坏人。一个普通的公民而已。

记者：

我不禁要问：那您为什么千方百计要为那些独裁者们辩护呢？

马基雅维利：

我再次声明这是天大的误会，你这个问题的提出本身就是对我极大的侮辱。我一直不明白，人们为什么不能以科学的眼光来观察政治？

记者：

政治，科学？有点迷糊。

马基雅维利：

以物理学为例，一个物体，如果受到外力的作用，必然会以一定的速度和方向发生相应的运动。这就是规律，科学家说出这个规律，没有人会说他道德或者不道德。在一个君主国里，一个君主要想保住自己的权力，就必须诉诸必要的诡计与阴谋，而不能简单地诉诸某种抽象的道德。这也是真理，这也是规律。别人不说，我说，为什么就被骂得狗血喷头。我要说，不是我无耻，我只是实话实说。我之所以不得不说出这个看似有点无耻的规律，那是因为这个时代的现实本身就是无耻的。我敢保证，人们如果能以科学的眼光看待政治，就不会对我出言不逊了。

记者：

您的辩解让我不得不信服，时代无耻，现实无耻，你只不过说出了这种无耻而已。与您是否无耻无关。

马基雅维利：

理解万岁。

记者：

最后一个问题：不知道您知不知道，20 世纪，意大利共产党竟然说您是他们的精神领袖。

马基雅维利：

天大的笑话！明明白白我的心，可悲天下无人知。当尼采被告知人们将他与希特勒联系在一起时，尼采很生气，你应该理解，谁也不愿意与一个畸形的怪物联系在一起。我也告诉你，我非撒旦，我无话可说，但我必须让你知道：我很生气！

附：马基雅维利简传

尼可罗·马基雅维利（1469 ~ 1527 年），意大利的政治思想家、诗人和喜剧作家。他是意大利文艺复兴中的重要人物，尤其是他所写下的《君主论》一书提出了现实主义的政治理论，他在《论李维》一书中提出了系统的共和主义理论。

第六章

国家：凡间的神灵

——对话霍布斯

引　子

作为哲学家，霍布斯是无神论者，是第一个近代唯物主义者；作为一个政治学家，他是君主绝对权威的拥护者。笔者对这位思想家的特别关注，首先因为他是第一个用人的眼光来研究国家问题的思想家；其次是因为在他的绝对保守的思想中，蕴含着至今仍为人们所珍惜的两个不错的思想：其一，国家的权威只有建立在保卫国民自由和权利的基础上才具有合理性，为了自我保全，为了自我的发展和自由，人民有权利反抗政府；其二，如果国家和政府不能保卫国民，国民也同样可以不对这个人间怪物负责。

一　国家是人造的

记者：

您在《利维坦》一书刚一开头就说您是一个唯物主义者，请您从一个唯物主义者的角度来解释一下什么叫国家，什么叫主权。

霍布斯：

可以。何谓唯物主义？唯物主义就是不信神，不从神的角度考虑问题，此外就没有别的意思了。唯心主义者习惯于从神学的角度思考一切，在这里，肤浅的东西压倒了实质性的东西。我不喜欢亚里士多德的哲学，更是讨厌神秘兮兮的神学。

记者：

只说您的观点吧。

霍布斯：

在我看来，所谓生命不过就是人的四肢的运动而已，因此，机器就是那种具有人造生命的东西。而国家，在我的书中，有一个专有的名词形容这个东西……

记者：

利维坦，一个大怪物。

霍布斯：

是的。所谓国家也不过是用人工技巧创造出来的东西，事实上就是一个用模子造出来的人。而所谓国家的主权，不过就是人工模拟出来的灵魂而已。唯心主义说国家是根据神的旨意创造出来的，而在唯物主义看来，国家则是人根据彼此的协定盟约创造出来的。

二　人对人是狼

记者：

在洛克的笔下，也存在一个所谓的“自然状态”，但是在这种状态中，人与人之间温情脉脉，彼此爱慕，而在您的“自然状态”中，人与人之间关系如何呢？

霍布斯：

在我的“自然状态”中，人与人之间首先是彼此平等。

记者：

平等，具体体现？

霍布斯：

首先是能力的平等，其次就是由这种能力的平等出发而产生的目的和欲望的平等，你想要的，也是我想要的。

记者：

人人都想得到他所希望得到的东西，这样一来就必然出现矛盾了。

霍布斯：

岂止是矛盾，岂止是冲突，久而久之就出现了战争。

记者：

如此严重？

霍布斯：

一个常识，任何两个人如果想得到同一个东西又不能同时享用时，彼此就会成为仇敌。每个人的目的都是为了自我保全，都是为了得到自己的快乐。而要达到这个目的，彼此都会力图摧毁或者征服对方。

记者：

绝对的平等状态，终于导致人人都陷入残酷的争夺和杀戮之中。

霍布斯：

由于大家都没有一个公共的权威机构来解决彼此的矛盾，因而谁也没有办法从这种屠杀和毁灭的环境中解脱出来。这种状态，虽然自由，虽然平等，但绝对不是快乐的。可以说，所有人都生活在平等的恐惧之中，你是狼我也是狼。人与人之间就发生了战争，人生不再有任何的美好，而是令人绝望的险恶，残酷而短促。自然状态下，人没有了财产，没有了正义，当然也无所谓不正义了。此时有的只是战争。于是乎，武力和欺诈便成为人在自然状态下的两大“美德”。

记者：

如此“美德”！

霍布斯：

如果人类不采取必要的措施，人类就会自取灭亡。于是国家走到了历史的前台。

三　至高无上的国家意志

记者：

您是说为了人类能够存在下去，不至于自我毁灭，就需要有国家？

霍布斯：

是的。

记者：

如何操作？

霍布斯：

交权，组建国家，组建政府。

记者：

程序是？

霍布斯：

让人民与国家订立契约，把大家所有的权力和力量托付给某一个人，或者托付给一个能通过多数人的意见把大家的意志化为一个意志的多人组成的集体。

记者：

您是说指定一个人或者一个由多人组成的集体来代表人民？

霍布斯：

但这是自愿的。

记者：

这个我知道。

霍布斯：

但是人民一旦把权力和力量让渡给国家以后，就不能反悔，也就是说国家意志是以国民意志的自愿且永远的放弃为前提。

记者：

人民是世界历史发展的第一动力，为什么要把这种意志放弃掉呢？

霍布斯：

你说的是一种套话，门面话，其实不是那么回事。所谓的人民不外是一些鼠目寸光的平头百姓，他们天生就习惯于拿着放大镜，一天到晚喋喋不休唠叨自己所遭遇的那些鸡毛蒜皮的麻烦，而对未来可能遇到的灾难根本看不见，而只有那些习惯于拿着望远镜看问题的政治家们才能够做到。因此，为了人民的未来，也必须让人民把权力交出来，而让国家意志主宰一切。

记者：

那这种国家意志，具体包括哪些内容呢？

霍布斯：

共 12 项。

记者：

如此之多？

霍布斯：

国家一旦成立，国民就成为一种虚无的东西而存在，不到出现我所说的例外，人民就必须无条件服从国家的管制与安排。国家的权力包括这样一些内容，我说给你听听。

记者：

好。

霍布斯：

国家的权力包括：（1）臣民一经与国家签订契约，便应服从主权者的裁断，未经主权者的同意，不得与其他人立约；（2）主权者的权力来自臣民的授予，而不是双方对等的互相承诺。由此，主权者不可能背弃信约，因为他从来无所承诺。既然主权者不会背约，那么臣民无权单方面毁约；（3）主权者的权力，最初来自多数人的同意，所以少数异议者也必须因此而同意。否则，他就背弃了信约，其他人有权杀掉他；（4）主权者拥有对一切行为的裁决权，这是臣民赋予他的权力。主权者所做的事情对任何臣民都不可能构成侵害，臣民中任何人也无理由控告主权者不义，因为一个人根据另一个人的授权做出任何事情时，在这一桩事情上不可能对授权者构成侵害的；（5）处死主权者，或者以任何别的方式惩罚主权者，都是臣民的不义，因为他们是主权者行为的授权人，人不应该惩罚自己所做的事情；（6）主权者的重要权力就是替臣民决定哪些话该说，哪些意见可以表达，哪些书可以出版，以及哪些言论应该禁止。因为：有两种以上的言论，就意味着有两种以上的思想，继而意味着有两种以上的行动，而国家只能有一种统一的意志，统一的行动；（7）主权者有立法权；（8）主权者有司法权；（9）主权者有战争权和外交权；（10）主权者有一切人事任免权；（11）主权者有在法规之外的人事处置权；（12）主权者有在法规之外对臣民的评议权。

记者：

您的书名叫《利维坦》，利维坦是什么意思？

霍布斯：

你猜猜。

记者：

我不用猜，我详细考证过。利维坦英文是“Leviathan”，语出《旧约・约伯记》，意思是一头巨大的鳄鱼。是不是？

霍布斯：

没那么具体，就是一头怪兽吧。你考证这个干嘛？

记者：

在这头怪兽面前，人类不过是一只只可怜的蚊虫而已，面对这头巨鳄，人类除了恐惧还是恐惧，不会有别的选择。依据您的描写，您把那么多的权力都赋予国家和政府，人民简直就是一个个一丝不挂的乞丐，一个个孤苦伶仃的奴隶，那人民还叫做人民吗？

霍布斯：

我的妈妈产下一对双胞胎，一个是我，一个是恐惧。

记者：

有意思，您与恐惧是同胞兄弟？

霍布斯：

一点不假。不仅是我，所有的人民，都与恐惧是双胞胎，是难兄难弟，形影不离，人民选择了国家，也就选择了至高无上的权力，必须爱它，怕它，这就是权力与人的关系，本质就在这里。而且我还要告诉你，人民对于主权者的授权是无期的，而不是有期的。如果某种授权是有期限的，这种权力就是毫无价值的，就是软弱无力的。代议制体制下的政体就是一种有期限授权的政体，它是百病丛生的一种政体。跟你们中国著名小说《红楼梦》中的林黛玉一样，或许貌若天仙，其实是短命而无用的存在。

记者：

请不要乱比。

霍布斯：

本来就是如此。

记者：

在您的心目中，似乎民主体制下的代议制政府就是林黛玉，无能无用的代名词。

霍布斯：

不是似乎，就是如此。你听听，君主的宝座是公私利益结合得最紧密的地方，因为君主的财富、权力和尊荣只可能来自人民的财富、权力和荣誉。

君主可以随便任何时候、任何地点听取任何人的咨义，因之便可以不论阶级和品位听取各类专家的意见，而且他可以在要行动之前多久听取就多久听取，要多保密就多保密。但议会制政府做不到这一点。

记者：

为什么？

霍布斯：

很显然，当一个主权议会需要听取意见时，外人是不能参加这个会议的，这些人大多数都精于谋财而拙于国政，且往往对知识冷若冰霜，感情之火不会让这些人心明眼亮，而只会让他们的理性黯淡无光。你也当知道，议会开会人数众多，吵吵嚷嚷，因而也做不到保密。上午开会说点什么事情，定下什么决议，下午全世界都一清二楚。

记者：

有这个问题。议会制政府还有什么弊端呢？

霍布斯：

还有，君主制的决断除了因人的本性而存在的朝三暮四的情形以外，不会有其他前后不一致情况的出现，但在议会制政府下，导致政府决策朝三暮四的因素要多得多，除了人性方面的原因，还有人数众多等原因。

记者：

有一个问题我必须给您指出来。

霍布斯：

有话直说嘛。

记者：

君主政体有一个致命的弱点或者说是弊端，那就是在这种政体下，一个人说了算，这些人必然会利用手中的权力为自己谋私利，他们把自己养得胖胖的，而把人民搞得皮包骨头。即便如此，人民除了看这些君主大口大口地吃肉而直流口水以外，实在是一点办法都没有。你说可怜不可怜啊？

霍布斯：

委实可怜。我必须给你指出的是，这种问题在议会制政府下同样存在，丝毫也不会有减轻的啊。再说啦，君主们虽然也养肥了不少宠臣，但毕竟就是那么几个人，而在议会制体制下，人民需要养肥的人更是数不胜数，加之这些人走马灯似地换来换去，人民需要养肥的人数不知道又翻了多少倍。不过，我说的这些还都不是最关键的地方。

记者：

关键的地方在哪里？

霍布斯：

关键的地方是，君主制一劳永逸地解决了政权的继承问题，不会出现大的社会动荡，而让议会来决定政府，决定国家的政策，情况就不一样了，这时候的国家政策会年年变，月月变，甚至是一天三变，国家一定会乱套的。

记者：

不与您辩论了，如果按照您的理论来设计国家的政权，人民真是无限凄惨啊，什么权利也没有，什么自由也没有，即便是那些大权在握的君主们一时兴起让他的子民去当炮灰，人民也不得不去送死啊！

霍布斯：

并非如此。你没有好好看我的书，你如果好好看了我的书，你就不会这么说话了。

四　自我保全权

记者：

您的理论存在着一个尖锐的内在矛盾。

霍布斯：

矛盾无处不在，无时不有，关键是在于你如何去解释这个矛盾。你说的是哪一个矛盾？

记者：

您一再强调人民要无条件去服从政府，但您又说人民到了战场上，有权拒绝战斗，这太有点不可思议了吧？

霍布斯：

从表面上看是这么回事，但如果你能理解我所提出的设立国家组成政府的动机是什么，你就不会感到矛盾了。

记者：

请解释一下。

霍布斯：

人民为什么要组成国家？

记者：

您说呢？

霍布斯：

人民组成国家和政府的目的，就是为了自我保全。如果国家和政府组成以后，人民不仅不能自我保全，反而处于更加危险的不安全之中，处于更加凄惨的水深火热之中，这就违背了人民组成国家和政府的初衷。

记者：

例如？

霍布斯：

一些政治家为了自己的私利，毫不怜惜人民的生命和财产，热衷于穷兵黩武，迫使人民到战场上去做无谓的牺牲。

记者：

你说自我保全是一种绝对的权利，为了自我保全，人民有权利对抗君主，对抗国家，人民有权利拒绝为政府卖命，有权利推翻政府？

霍布斯：

正是如此。这是我设置的一个例外条款。

记者：

仅仅是出于自我保全才有这个例外？

霍布斯：

正是，为保护别人而反抗政府是有罪的。还有一个例外……

记者：

什么？

霍布斯：

如果政府尸位素餐，无所作为，没有能力保护人民，人民也有权利推翻这个政府，推翻这个无能的国家。

附：霍布斯简传

托马斯·霍布斯（1588～1679年），英国政治家、哲学家。生于英国威尔特郡一牧师家庭。早年就学于牛津大学，后做过贵族家庭教师，游历欧洲大陆。他创立了机械唯物主义的完整体系，指出宇宙是所有机械地运动着的广延物体的总和。他提出“自然状态”和国家起源说，指出国家是人们为了遵守“自然法”而订立契约所形成的，是一部人造的机器人，反对君权神授，主张君主专制。他把罗马教皇比作魔王，僧侣比作群鬼，但主张利用“国教”来管束人民，维护“秩序”。著有《论公民》《利维坦或物质、形式或教会的、世俗的国家权力》《论物质》《贝希莫特》《论政体》《利维坦》《论人》《论社会》《对笛卡尔形而上学的沉思的第三组诘难》等。

第七章

权力管控与国家命运

——对话孟德斯鸠

引 子

美国政治学家乔治·霍兰·萨拜因在《政治学术史》中，一方面承认孟德斯鸠是所有哲学家中对社会哲学的复杂性认识最清楚的人，一方面又指出孟德斯鸠的著作“犯有过分简单化的错误毛病”。在评论孟德斯鸠《论法的精神》的时候，美国学者列奥·施特劳斯、约瑟夫·克罗波西共同主编的《政治哲学史》如此写道：“此书……似乎缺少一个全书总的计划或一致性，由此人们推论道，孟德斯鸠不是一个系统哲学家，没有严格意义上的成熟学说。”

在笔者看来，孟德斯鸠的著作确实存在诸多不言而喻的毛病，其中的原因或许不在孟德斯鸠本人，而在那个时代。我们应该理解孟德斯鸠，孟德斯鸠生活在一个专制主义横行天下的时代，那个时代的君主们不会容许任何人提出与自己过不去的言论，更不用说提出什么系统化的学说了。如果有哪个学者不识抬举，口出狂言，随时都会招致杀身之祸。在这种情况下，如果再苛求于我们的主人公，就有点不近人情了。

一 一个科学家

记者：

在我的心目中，您可能是一个法学家，可能是一个政治学家，可能是一个社会学家，可能是一个历史学家，可能是一个政治经济学家，甚至可能是个文学家，但我从未想到您竟然是一个科学家。

孟德斯鸠：

感谢你对我的关注。人们都知道我的《波斯人信札》，知道我的《罗马盛衰原因论》，甚至还有人知道我创作的小说《卡冈都亚和庞大固埃》，但是几乎没有人知道我出版的科学方面的著作。

记者：

我也只是通过看了苏联学者巴士金写的《沙利·路易·孟德斯鸠》才知道您也是一个科学家，您出版过《论重力》《论海水的来潮和退潮》《论相对运动》，您还曾经是著名的法国波尔多科学院的院士。您真是一位百科全书式的人物啊！

孟德斯鸠：

搞学问，如果不能同时理解自然科学，也理解社会科学，就不可能搞出什么名堂。你的《超越 2012》，我看你对自然科学也是非常了解的。你的《宇宙是活的》，1/3 是哲学，1/3 是生命科学，1/3 是物理学。建议你坚持下去，你肯定会超过我的。

记者：

兴趣使然，从来也没有想过要超过谁。

孟德斯鸠：

言不由衷。不过在你没有超过谁之前，低调不失为一个明智的选择。

二　共和让罗马成为罗马

记者：

我看过好多研究罗马史的著作，古代的有，近代的有，现在的有，在关于罗马帝国灭亡的原因上，大多数人的看法都与您大体相同。

孟德斯鸠：

他们的看法是？

记者：

他们大多把罗马灭亡的原因归结于屋大维建立的集权体制，也就是人们惯常所说的“奥古斯都”体制。

孟德斯鸠：

应该是这样。我在我的《罗马盛衰原因论》中就是这么说的，罗马是盛于共和，而败于专制。当然，除了这个第一位的原因外，我还提出过导致罗马强大的原因还有三四个。

记者：

哪三四个？

孟德斯鸠：

促成罗马强大的原因还有法律开明、统治者贤明、民风质朴、品德良善等。导致罗马灭亡的原因还有穷兵黩武、民风日下等。

记者：

何谓共和?

孟德斯鸠：

你要我直接了当地给共和下一个定义，确实有困难。

记者：

那如何给共和下定义会比较容易呢?怎么容易您就怎么下吧。

孟德斯鸠：

这么说吧。共和制不是君主制，也不是神秘兮兮的神权政治。

记者：

是谁在罗马建立了共和制度?

孟德斯鸠：

人民，是罗马的人民建立了共和制度。

记者：

人民，一个多么宽泛的名词，一个被人们滥用到面目全非的名词。

孟德斯鸠：

你是一个神经过敏的人，对什么东西都缺乏最基本的信任。我明确告诉你，对于罗马的共和制度，罗马城里那些贫穷的罗马人就是真正的创造者。

记者：

我不相信，希望您具体说说。

孟德斯鸠：

罗马人并不是一开始就搞共和制的。

记者：

那他们一开始搞什么政治体制呢?

孟德斯鸠：

罗慕路斯带领罗马人民建立了罗马城，罗马帝国一开始搞的政治体制是人们通常所说的君主制，我们通常把这段时期称为罗马帝国的所谓王政时期。

罗马在王政时期共出现了七个世袭君主，最后一位是塔尔奎纽斯。塔尔奎纽斯极端蛮横，他根本不把元老院当作一回事，也根本不把人民当作一回事。他把政权变成了世袭制，把国家机器变成了专制机器。特别需要提及的是……

记者：

什么？

孟德斯鸠：

塔尔奎纽斯的儿子——塞克斯图斯是一个十恶不赦的家伙，他强奸民女路克列奇娅并导致这位民女死亡。这些君主们及其子孙都骑在人民的头上作威作福，无论是罗马的贵族还是罗马的普通人民都觉得蒙受奇耻大辱，而越来越难以忍受。贵族们最终通过发动人民起义把塔尔奎纽斯驱逐出境，罗马的统治权便落到了贵族们的手中。罗马的贵族们包办了一切高官显职，一切军事方面和民政方面的荣誉也被这些贵族据为己有。于是人民与贵族之间的矛盾也逐步激化起来。

记者：

所以后来人民又发动革命，推翻了贵族政体，建立了民主共和政体。

孟德斯鸠：

是的。人民正是在与贵族进行联手推翻国王统治的过程中，培养起对自由的渴望和热爱。当人民不知道自由为何物的时候，无论是国王还是贵族，都很容易对人民实施专制统治。但是一旦人民知道自由为何物，并切身感受到自由之可贵的时候，任何人都无法剥夺人民的自由和权利了。

记者：

言之有理。

孟德斯鸠：

当贵族们用他们任命的执政官取代了王政时代的国王后，人民并没有感到自己得到什么自由和权利，相反人民倒有一种被欺骗和愚弄的感觉，于是人民就联合起来，给贵族施加压力，要求削弱执政官们的权力，并要求与贵族们一样享有坐圆椅而担任高级官吏的资格，面对实力强大的民众，贵族们不得不委曲求全，做出让步，让占人口大多数的人民享有国家的权力。于是乎，贵族政体就逐步过渡为民主政体，也就是共和政体了。

记者：

天上掉不下馅饼，离开斗争，离开反抗，人民就不可能成为国家的主人。可见，民主也是人民打出来的，拼出来的。

孟德斯鸠：

本来就是如此嘛。

记者：

您在书中多次说是共和造就了罗马，如何说明您的这个观点？

孟德斯鸠：

在回答你的问题之前，我问你：罗马是怎么来的？

记者：

毫无疑问，罗马是罗马人一天一天用石头堆起来的。

孟德斯鸠：

你说的太抽象了。

记者：

那您怎么说？

孟德斯鸠：

今天的城市是人们生活的地方，而在古罗马时代，情况却不是这样。在那个时代，所谓的城市就是为了收藏战利品、牲畜和粮食而修建的场所。罗马的名称就是从这个意义上的城市逐渐演化而来的。

记者：

第一次听说，您的意思是不是说罗马城的一天天扩大，是与罗马人所横征暴敛而来的战利品的迅速增加联系在一起的？

孟德斯鸠：

一点不假。在古代世界，没有今天的农业，更没有今天的工业，商业也极端不发达，任何一个城市，任何一个国家，如果要做大做强，就得必须诉诸连续不断的战争。尤其是罗马人住的那块地方太小了，也太穷了，要过上基本的生活，罗马人就得另谋生路。这个出路就是战争。罗马人喜欢战争，对他们来讲，战争是一件无比快乐的事情。罗马的元老们和执政官们心里很清楚，罗马人不断逼迫他们不断对外发动战争就是为了获取战利品。看到一堆堆的战利品，罗马人获得无比的快感。

记者：

真是疯狂的人民！

孟德斯鸠：

罗马永远是处于战争状态。于是乎，罗马的创始人——罗慕路斯和他的继承者们几乎永远是与邻居们进行战争。通过猛烈残酷的战争，罗马人打败了周围的民族，把他们的一束束的麦子和成片的畜群集中到罗马，罗马就因此而崛起为庞大无比的城市。没有这些源源不断的战利品，人们也就没有必要去修建规模盛大的罗马。

记者：

简言之，罗马是罗马人通过一次又一次的战争打出来的，罗马就是财富的象征，罗马就是暴力的象征。

孟德斯鸠：

说得对。赢得伟大的战争需要什么？

记者：

伟大的领袖，伟大的人民。

孟德斯鸠：

造就伟大的领袖靠什么？造就伟大的人民又靠什么？

记者：

靠什么？

孟德斯鸠：

让罗马拥有伟大的领袖，尤其是让罗马不间断地连续地拥有伟大的领袖，靠的就是共和制度。让罗马拥有伟大的人民，尤其是让罗马不间断地连续地拥有伟大的人民，靠的也是共和制度。

记者：

那罗马人是如何管理自己的国家的呢？

孟德斯鸠：

罗马人赶跑国王以后，就创造性地建立起了通过选举方法来任命执政官的方法。这种做法在当时全世界也是绝无仅有的。

记者：

最起码在我们东方是不可能出现的。

孟德斯鸠：

是这样。在我们罗马，国家的领袖，我们叫执政官，其称谓虽然也叫作国王，但这时候的国王就是一个为人民打工的服务员。这些人只有依靠自己的美德和能力才能得到人民的青睐，这些人只有靠自己的劳动才能获得执行职务所应该得到的报酬，其余的就没有什么额外的利益了。在这个安贫乐道、不太看重个人财富，不患寡而患不均，把荣誉看得比生命还重要的民族，荣誉便是罗马人民奖励他们最优秀的政治领袖的最高礼品。

记者：

我关心罗马人民是如何选择和管理他们的领导人的。

孟德斯鸠：

稍安勿躁，容我慢慢说。你知道，对每个国王来说，每个人一生中都有精力充沛、野心勃勃的时期，但在之后就会出现纵情享受、懒散腐化的情况。可以说全世界的国王们几乎都是如此。唯独罗马例外。

记者：

原因何在？

孟德斯鸠：

罗马的国王们是年年更换的，如果你不能在很短的时间内建立起赫赫战功，你就得滚蛋走人，而让别的人来干。因此，一些人为了连续成为执政者，就得兢兢业业地工作，不敢有任何懈怠。罗马之所以拥有那么多伟大的领袖，原因就在这里。可以说在罗马的体制下，无能之辈是没有市场的，而你只要拥有雄才大略，你就不用担心没有用武之地。

记者：

是吗？

孟德斯鸠：

罗马人生活简单，他们不爱财，也从来就不知道攀比谁比谁多吃几块肉。罗马的官员们从政是为了荣誉，人民能给他们的除了荣誉，没有别的。当然，罗马人民在判定给予他们的官员何种荣誉时，还是要看这些官员尤其是那些凯旋归来的将军们能给罗马带来多少的金银。罗马的官员们以能为国家带来更多的金银为光荣，而以个人的富有为耻辱。

记者：

确实不一般啦。

孟德斯鸠：

当罗马的人民和元老们一旦发现他们选举出来的官员和将军们财迷心窍，或表现出享乐主义的苗头时，他们就会给议会施加压力，让议员们用手中的选票把这些人赶走。实在不行，性格暴躁的罗马人会把这些人予以斩杀的，对这些卑鄙无耻的贪官污吏，罗马人从来就不吝惜手中的利剑。此外……

记者：

此外还有什么？

孟德斯鸠：

罗马人民还通过设置一个非常特殊的高级官吏职位——监察官，来对罗马的各级官员和普通的人民进行严格的监督管理。

记者：

监察官具体管什么？

孟德斯鸠：

监察官主持人口调查，主持对各级官员违法违纪行为进行调查惩处。监察官有权力把任何人赶出议会，关键点就是监察官可以不断地对罗马政府的政策进行检查，一旦发现这些政策不符合罗马人民和国家的利益，就责成政府立即改正这些错误。这样一来，任何错误的政策就很难得到维持。

记者：

应该如此。一个政府如果没有办法来随时纠正自己的错误，这个政府就不可能把国家管理好，迟早也会被人民所抛弃的。那在造就罗马帝国这个伟大的事业中，罗马的人民扮演着一个什么样的角色呢？

孟德斯鸠：

连续地拥有世界上最优秀的政治人物，是罗马军事崛起的关键，但是如果没有同样伟大的罗马人民的支持与配合，即便这些政治家们拥有三头六臂，也是不可能有任何作为的。罗马人民与其他任何优秀民族的人民一样，素来就尚武，爱荣誉，不怕死，并拥有顽强的胜利意识。

记者：

不同点在哪？这是关键。

孟德斯鸠：

珍惜自己的自由和权利，对专制暴君的反感，对专制统治的厌恶，是罗马人民的最典型特征。在罗马这块土地上，即使你拥有上帝一般的智慧与毅力，你也不能剥夺罗马人民应该享有的自由和权利，你也不能永久地统治罗马人民。你要去搞什么世袭王朝，罗马人民不惜采用任何极端的暴力手段对你予以铲除。不迷信精英，而崇拜群体的力量，把任何国家的事情与自己的事情紧紧联系在一起，尽心尽力地去完成，从不懈怠，这就是罗马人民的公民精神。

记者：

公民精神？这个词很新鲜啊。

孟德斯鸠：

新鲜不新鲜我不知道，但是我知道，正是这种公民精神制约着罗马的领袖们，迫使他们循规蹈矩，并殚精竭虑地工作。也正是这种公民精神，让罗马人民以一种奇特的开放精神去面对任何一个强大的对手，罗马人民尊重每一个强大的对手，无论这些对手是政治上的对手，还是军事上的对手，罗马人最善于把强大对手战胜自己的经验学习过来，而随时放弃自己不好的经验和习惯，而不管这种经验和习惯延续了多久，并借助“拿来”的经验去击败对手，而赢得最终的胜利。

记者：

您在《罗马盛衰原因论》中有过这样一段话：“老实说，罗马不是一个王国，也不是一个共和国，而是由世界各民族组成的躯体的脑袋”。您是不是想说罗马人有一种包容天下智慧的精神，在罗马人面前，任何一种思想，任何一种意见，不管是来自于自己的创造，还是来自于敌人的发明；不管是古代的，还是今天的；不管是正统的，还是属于异端邪说的，只要这种东西有利于罗马的强大，罗马人就会千方百计地接收过来，并吸收到自己的大脑里面。

这确实是一个少见的民族。

孟德斯鸠：

是这个意思。罗马的公民们很少有个人的利益，在他们看来，自己的事业就是国家的事业，国家的事业就是自己的事业。为了国家的事业，罗马人都愿意遵守自己的法律，他们对法律的遵守，并不是因为恐惧，也不是因为理智，而是因为他们发自内心对于法律的热爱。这种对法律的热爱让罗马人在任何情况下都会一致对外作战，而不会因私利让整个国家陷入混乱。罗马强大的真正原因就在这里。

三　共和不再罗马必亡

记者：

您把罗马人建立了共和制度看作是罗马帝国崛起的根本原因。你我都知道，罗马后来还是衰败下去了，依据您的逻辑，罗马后来的败落和灭亡的原因是不是在于罗马后来放弃了自己的共和制度？

孟德斯鸠：

你的推论是正确的。

记者：

共和制度让罗马所向披靡，让罗马横行天下，那罗马为什么要放弃自己的共和制度呢？

孟德斯鸠：

一言难尽啊。正如罗马不是一天就建立起共和制度一样，罗马人民放弃共和制度同样也有一个不长不短的过程。

记者：

那罗马人民是在一种什么情况下逐步放弃了行之有效的共和制度的呢？

孟德斯鸠：

不少研究政体的人对我说，民主政体和共和政体只能适用于小国家，我一开始还不相信，通过研究跟踪罗马帝国政体的变化，我如今相信了。

记者：

您是说您相信共和制度只能适用于小国家？

孟德斯鸠：

是的。

记者：

何以见得？

孟德斯鸠：

当罗马帝国的疆域仅仅局限在意大利的时候，罗马实施的共和制度是行之有效的，这时候，所有的士兵同时又是公民，军队人数不多不少，基本上都是由素质不错并且拥有相当财产的公民所组成。罗马人民和议会的元老们监视着罗马执政官和高级将领们的一举一动，罗马的执政官和高级将领们也从未想到去干那些阿猫阿狗的龌龊勾当。但是当罗马军团雄赳赳气昂昂地越过阿尔卑斯山以后，情况就大不一样了……

记者：

到底发生了什么？

孟德斯鸠：

依托其贤明的共和制度，罗马比任何一个邻国都拥有最伟大的公民群体，尤其是罗马比任何一个邻国都更加持续地拥有世界上最精明、最有才干的领袖。随着帝国的扩张，地中海成为罗马帝国的内湖，阿尔卑斯山也不再是帝国与邻国的国界了。为了维持庞大的国土，罗马的士兵们，也就是罗马的公民们不得不留驻在被他们征服的土地上，而无法履行作为一个公民对于一个国家应有的权利与责任。尤其是……

记者：

什么？

孟德斯鸠：

尤其是，那些拥有重兵的部队将领们越来越觉得自己像被放飞的燕子，他们不再对人民负责，不再对元老院负责，那些监察官也无法监督他们了。于是，一种可怕的现象出现了：士兵们不再把自己看作罗马帝国的公民，而是把自己看作是某一个将领的士兵，这些士兵们只知道苏拉、马利乌斯、庞培、凯撒，而不知道罗马了。这些士兵的未来已经与这些将领们紧紧联系在一起，而不再与他们的国家联系在一起了。罗马人引以为自豪的公民精神此刻已经是灰飞烟灭了。作为罗马，此时也不再知道那些驻扎各地的将领们到底是他们的敌人还是他们的保卫者。到了这种情况下，罗马帝国的共和制度，犹如被挖掉了根基的大楼一样，轰然倒塌也仅仅是时间的问题了。随着共和体制的瓦解，罗马帝国也渐渐显露出“下世”的迹象了。

记者：

您的意思是说共和一旦不复存在，罗马的灭亡也就快了？

孟德斯鸠：

正是如此。

四　罗马政权的东方化

记者：

那罗马帝国的共和制度具体是在哪段时间瓦解的呢？谁应该对这个不幸的结果负责呢？

孟德斯鸠：

你问的这个问题比较复杂，尤其是第二个问题太过宏观，不是一两句话就能说得清楚的。在回答你的问题之前，我们先来探讨一下罗马政权的东方化问题如何？

记者：

罗马政权的东方化？我看过日本女作家盐野七生写的《罗马人的故事》，这是一个很有毅力的女人，也很有才情，一口气写了那么多本书，我很钦佩这个人。她在其著作中多次提到罗马政权的东方化问题。

孟德斯鸠：

罗马政权的东方化与罗马共和制度的灭亡，其实就是一个问题的两个方面。

记者：

罗马是一个典型的西方城邦国家，其政权怎么会逐步走到东方化的路子上去呢？

孟德斯鸠：

所谓东方化就是专制化、独裁化。关于这一点，我如果说得太多，你又会说我对你们东方人有偏见。世间那些大权在握的政治家，个个都是狮子与狐狸杂交的产物，罗马的那些统治者自然也是如此。从独裁的角度看，我们的罗马帝国是在屋大维时期达到绝对顶峰的，到了这个时候，罗马帝国的政权结构已经完全地变成你们东方人那种皇家的天下了。一想到这些，我就为罗马感到惋惜。不说也好。

五　人类：法的最大挑战者

记者：

根据我对罗马帝国历史的研究，我确实认为您的观点没错。如果没有后来，尤其是在屋大维时期罗马君主权力的腐败和日益独裁化，罗马帝国或许不会败得那么彻底，崩溃得那么稀里哗啦。历史不能假设，但我还是想问您一个问题……

孟德斯鸠：

问吧。

记者：

那如何才能防止这种事情的发生呢？

孟德斯鸠：

就得通过某种顶层设计。

记者：

是什么？

孟德斯鸠：

建立起好的政体，用法律肢解权力，控制权力。法律，你知道的。

记者：

您是法学大家。您的《论法的精神》已经成为法学经典名著。不过，好多人告诉我，无论他们如何费力地去研究您的著作，都感到头晕目眩，弄不清您说的法律到底是什么。我是搞哲学的，似乎您笔下的“法”和“法律”与自然科学中所讲到的“规律”就是一回事。我知道您是一个科学家，您考虑问题总会联系到自然科学的。

孟德斯鸠：

你说我不愧是一个大家，我看你也不愧是一个大家。能够联系到我曾经是一个科学家来研究我书的，你是唯一的一个人。

记者：

谢谢夸奖。

孟德斯鸠：

你说的没错。在我看来，宇宙之间的一切存在物都有各自的法。上帝有上帝的法，宇宙有宇宙的法，物质世界有物质世界的法，高于人类的“智灵们”有他们自己的法，人有人的法，植物有植物的法，兽类有兽类的法……总之，万物皆有法！

记者：

这个道理我同意。万物皆遵循法而存在。

孟德斯鸠：

不过万物对待其法的态度是不同的，也就是作为法，其被遵守的情形各不相同。

记者：

不同在何处？

孟德斯鸠：

先说上帝是如何对待他的法的吧。

记者：

好啊。

孟德斯鸠：

上帝创造了宇宙，保养着宇宙，上帝在创造宇宙的同时也就为宇宙定制了宇宙法则，这些法则也就是宇宙规律。既然这些规律和法是上帝自己制定的，那么上帝就会不折不扣地让这些法得到执行。可以说上帝之法是不变的，上帝对法的遵循从来就是不打折扣的。

记者：

那人类如何呢？

孟德斯鸠：

先不说人类。

记者：

好。

孟德斯鸠：

说了上帝，我们来说自然界也就是物理世界吧。自然界的特点一是没有精神现象，没有智慧特征，特点二是自然界总是处于不断的运动状态，这说明自然界也是在不折不扣地遵循着自己的法。植物如此，兽类也是基本如此。

记者：

基本如此？

孟德斯鸠：

是的。兽类高于植物，有感觉，有欲望，时常情不自禁地受到感官和欲望的诱惑，因此它们在遵循其法则的同时，也经常有一些不规矩的表现。当然，在不遵循法方面，人类是最厉害的。也就是说人类是法的最大挑战者。

记者：

有点意思，好好说说。

孟德斯鸠：

好啊，我的书说到底是说人的。

记者：

这个我知道，您在《论法的精神》序言中说“我首先研究了人”，应该说人间学问都是研究人的，即便是我们那些研究自然科学的著作，又有哪一本不是围绕人类来做文章的呢？

孟德斯鸠：

言之有理，难怪好多人说你是一个哲学家，每句话都有点哲学的意味。

记者：

我是话赶话，不说我了，还是说你的“人”吧。

孟德斯鸠：

与人有关的法有两类。

记者：

哪两类？

孟德斯鸠：

一类是自然法，也就是人类在建立社会之前甚至说在人类成为人类之前就存在的那些体现公道的法律。一类是人类为自己制定的法律。

记者：

有点玄乎，这两类法律有什么不同？或者说人类对待它们的态度和方式有什么不同？

孟德斯鸠：

所谓自然法，也就是上帝为人类制定的约束人类的法律，这类法律不是在人类组成之后才形成的，而是在之前就已经存在的法律。

记者：

包括哪些？可否明示？

孟德斯鸠：

自然法大体上包括四条基本原则：第一条，每个人的自卑感使人要求和平；第二条，人的自然需要促使人寻找食物；第三条，同类的亲近感、两性间的差异使人相互之间存在自然的爱慕；第四条，感情和知识使人愿意过社会生活。

记者：

人类的智商显然不如上帝，但也显然比动物、植物强，那人在遵守这些法律方面有些什么特殊表现呢？

孟德斯鸠：

人是一种最玩世不恭的东西，受制于自己放荡不羁的欲望，他经常违背上帝给他制定的法律，也经常肆无忌惮地修改自己制定的法律。人类的悲剧也就是由此而产生。

记者：

那人类如何进行自我拯救呢？

孟德斯鸠：

除了诉诸上帝的宗教规劝、哲学家的道德辅导和法律家的立法指引，别无他法。

六　政体与法律

记者：

您在您的书中，一会儿说对法的“精神”的研究就是对影响法律的各种“关系”的研究，一会儿又说法的本质是规律，如何把这两者统一起来呢？

孟德斯鸠：

应该很好理解的啊！

记者：

说。

孟德斯鸠：

何谓规律？规律无非有两种，自然规律，此其一，如地球周期性地围绕太阳运行，一年有365天，就是其例；人间规律，此其二，法律就是一个例子。我问你地球何以要围绕太阳运动？

记者：

万有引力使然。

孟德斯鸠：

何谓万有引力？

记者：

我所知道的仅是皮毛，但根据英国物理学家牛顿的解释，所谓万有引力，就是说所有物体之间都存在着某种引力，这种力的大小与彼此的质量的大小成正比，而与彼此之间距离的平方成反比。

孟德斯鸠：

那牛顿是如何解释地球围绕太阳运转的？

记者：

牛顿说，地球之所以围绕太阳运转，是由地球、太阳彼此之间，以及地球、太阳与其他天体之间彼此相互作用的关系所决定的。

孟德斯鸠：

这也就好理解了。既然法律是决定人与人之间关系的规律，那么这种规律也同样是由影响法律的各种关系所决定的。

记者：

我不得不说，是的。那这种关系包括哪些呢？

孟德斯鸠：

自然的、非自然的；政治的、经济的；国内的、国际的。不过……

记者：

不过什么？

孟德斯鸠：

最重要的东西是政体。

七　三权分立

记者：

人们常常说历史不容假设，但是如果不容假设，那我们如何来谈论历史呢？

孟德斯鸠：

什么意思？

记者：

研究罗马帝国的历史，我发现罗马人维持其共和制度的办法就是将权力分成若干个部分，让更多的罗马人民分享权力，而一旦这些权力被再次集中到一起，共和也就走到末日，罗马也就走到末日。假设罗马人将这种对于权力的划分继续下去，而不容许集权出现，那是不是意味着罗马不会很快走向灭亡呢？

孟德斯鸠：

应该是这样。罗马人一开始是比较清醒的，他们深知人性之丑陋，深知人间政权之脆弱。因此，罗马人不相信在世界上会容许一个不受到任何限制的政权的存在，因此，他们也不容许存在一个为所欲为的政权，因而坚持要对所有的权力进行必要的限制。

记者：

但是后来他们没有坚持下去。依照您的理论，应该对权力如何进行限制呢？

孟德斯鸠：

肢解权力，并以权力限制权力，以权力制衡权力。

记者：

通过什么手段？

孟德斯鸠：

除了以法律为手段外，别无他途。

记者：

肢解权力，并以权力限制权力，以权力制衡权力。说起来容易做起来难，具体如何办？

孟德斯鸠：

其实也很简单，那就是——三权分立。

记者：

仅此“三权分立”一个理论创新，即足以让您名垂青史了，我希望听您讲讲您是如何提出这个理论的。

孟德斯鸠：

“三权分立”理论是我通过研究英国的政治制度，并通过将英国的政治制度与其他国家的政治制度进行比较研究而得出的成果。

记者：

愿闻其详，为什么是英国？

孟德斯鸠：

英国所处的地理位置非常奇特，其气候特点不温不火，不冷不热，这种地理位置与气候条件决定了英格兰民族的风俗、习惯与法律制度，自然也决定了英国的政治制度确实存在着诸多与众不同之处。横跨欧亚的土耳其的君主苏丹把立法权、行政权和司法权集于一身，实行着恐怖主义的独裁制度。

即使是同在欧洲的意大利也与英国不一样。

记者：

据我了解，意大利各个城邦搞的可是共和制度啊。

孟德斯鸠：

你说的没错，不过，意大利各个城市搞的那套政治制度虽然名为共和国，但其权力集中程度丝毫不亚于土耳其。在那里，人民确实也是不知道谁是专制君主，但却时时刻刻都感到君主独裁的存在。这种无形的存在要远比那种有形的存在可怕得多。

记者：

英国呢？

孟德斯鸠：

英国的制度最好。

记者：

好在何处？

孟德斯鸠：

英国的政治制度优越于其他所有国家的核心点，就是在英国无论是权力本身还是行使权力的人都受到法律的严格约束，任何一项权力都被牢牢锁定在法律的笼子里。

记者：

如真的如此，那英国的制度还真的不错，那英国人是如何设计他们的制度的呢？

孟德斯鸠：

英国的政治制度是我的研究范本，英国法律对公民政治自由的保护是全世界最好的。不过，英国还不是严格遵循“三权分立”的国家，严格来说，“三权分立”是我的理论创造。

记者：

说说您的独创。

孟德斯鸠：

权力必须进行分立，绝对不能集中在一起。我把权力分成三块，一块是立法权；一块是行政权；一块是司法权。

记者：

如今西方很多国家似乎都是这么做的。

孟德斯鸠：

权力分立的具体路径就是将立法权、行政权和司法权交给三个不同的机构去行使。先说立法权吧。

记者：

好的。

孟德斯鸠：

所谓立法权，就是指制定法律的权力。在我的设计中，立法权只能由从人民中选举出来的代表所组成的议会来行使。

记者：

为什么只能由选举出来的代表来行使立法权，为什么不能由全体人民来集体行使立法权呢？

孟德斯鸠：

理由其实很简单。人民是什么？就是一群普通的人呗。在一个自由的国家里，每个人都特别看重自己的存在。他们都认为他们有权利也有能力来管理国家，统治自己，最起码制定法律是没有问题的。但实际上，让人民来集体行使国家管理大权，无论是在大国，还是在小国，都是不现实的。在我看来，普通人素质太低，因而他们最不适宜于讨论国家大事，最不适宜参与制定法律。这是民主政治面临的最大难题。对于最普通的人民来说，最适宜于他们做的事情就是去选举自己的代表。人民通过选举选举出代表管理国家，同时也通过这种选举对那些代表行使一定的监督权，如果这些代表不听话，人民可以通过选举把这些人从议会中赶走。

记者：

那您提出代表不能从人民中集体选举，而只能按照地域原则选举，每个地域一个代表，为什么？

孟德斯鸠：

道理同样很简单。如果按照人口来选举，人口密集地区的人就会选举出更多的代表，这些人就会欺负那些人口少的区域的人民。

记者：

也是。不过有一点我不明白，您为什么提出设立独立的贵族立法团体，这对普通的人民大众是不是不太公平？

孟德斯鸠：

不是。从人类历史的角度来看，引领历史进步的始终是那些贵族阶层，而不是那些一无所有的人。因此，好的法律制度就要保护贵族的利益和权利。你应当知道，贵族阶层虽然都是出身名门，家财万贯，且经常拥有数不尽的荣誉，但是其人数往往要比普通人少得多。如果一视同仁对待贵族与普通人民，让他们享有同等的投票权，那么形成的决议必然不利于贵族而仅仅有利于普通人。因此，为了维持贵族与平民们之间的平衡，就应当允许贵族们独立地组成一个立法团队，贵族立法团队与普通人民组成的立法团队同时拥有立法权，这两个团队彼此各有各的议会、各有各的考虑、各有各的见解和利益。这样就可以彼此形成某种牵制，达到某种平衡。

记者：

对少数精英的政治权利予以特殊的照顾，确实也有利于对普通人的立法权力进行一些制衡，也可以防止出现柏拉图所说的“暴民政治”。

孟德斯鸠：

为了防止暴民们剥夺贵族们的立法权，我还设计让贵族们的立法权实行世袭制。

记者：

那您对行政权是如何设置的？

孟德斯鸠：

所谓行政就是指国家的日常管理，这一块经常需要迅速果断地采取行动，因此，这个权力应该掌握在一个人手里，而不能掌握在几个人的手里。考虑到行政权力对公民的自由最容易造成损害，因此，我对行政权设置了这样几个限制。

记者：

哪一些？

孟德斯鸠：

例如，我不让行政权染指立法权，不允许行政机构参与立法辩论，也不允许行政机构决定国家的税收，同时也规定军队不隶属于行政权。

记者：

司法权呢？

孟德斯鸠：

别急！容我慢慢说啊。在我的设计中，司法权应该由民选的法官所组成，司法权不应该给予永久性的元老院，而应该由选自人民的人员组成，并且要周期性地进行轮换，这样一来司法机构就不会专为某一个阶层或者某一特定职业服务，就仿佛是一种看不见、摸不着的神秘力量。法官不经常出现在人民的面前，保持一种神秘性，这样人民所畏惧的就是官职，而不是某个具体的官吏，这有利于维持公正。

记者：

作为一个科学家，作为一个法学家，如此设计，真是用心良苦啊！

孟德斯鸠：

人性太恶，政治太丑陋，不予以精心的肢解和制衡，随时会给国家和人民带来灾难的。

八　惩治思想是天大的暴政

记者：

在您的心目中，英国的政体是世界上最好的政体。似乎英国的法律最有利个人政治自由的保障。而我曾经研究过英格兰的法律，觉得英国的好多法律条文非常专制，非常独裁。

孟德斯鸠：

何以见得？

记者：

例如，英国有一条法律宣布凡预言国王死亡的人犯叛逆罪，这不等于说敢于说国王病危的人也是罪犯吗？

孟德斯鸠：

你们中国的法律不是也规定任何人对皇帝大不敬就必须判处死刑？彼此彼此，半斤八两。不过我告诉你，英国人民已经通过他们的议会修改了法律，他们不再把言论之类的事情作为犯罪了。

记者：

您的意思是说英国的法律不再惩罚思想犯罪了？

孟德斯鸠：

可以这么说吧。法律的惩罚对象，不应该是简单的言语，而应该是行动。任何一个国家，如果把思想作为犯罪来予以惩罚，就是最大的暴政。

记者：

这么严重？

孟德斯鸠：

人的言语不应该构成犯罪的基本条件，以人的言辞来定罪，不但保护不了人的自由，就连自由的影子都会消失殆尽。言语只有与人的具体行为结合起来，才能具有该行为的性质。言语只有在准备犯罪行为、伴随犯罪行为或者追从犯罪行为时，才能构成犯罪。无论是你们中国的法律，还是英国以前的法律，规定说皇帝不好的话就要判处死刑，这是典型的以言定罪。这样一来，全都乱了。

九　运用法律造就公民精神

记者：

您在前面的谈话中说罗马人失去公民精神也是罗马灭亡的根本原因之一，那依您之见，如何利用法律这个特殊的工具来造就公民精神呢？

孟德斯鸠：

我在前面已经说过，导致罗马帝国灭亡的一个重要原因就是伴随着罗马帝国东方化的同时，罗马人民也逐渐失去了应有的公民精神。人人从主人蜕变成为奴隶，面对权贵，连屁都不敢放一个。可以说，当一个国家的人民不再是一个个拥有尊严的自由人时，这个国家离灭亡也就仅一步之遥了。

记者：

如何拯救？

孟德斯鸠：

同样是诉诸法律来予以培养。首要的一点就是用法律保障人民的言论自由权，让人民可以毫无畏惧地发表自己的观点，让人民可以毫无畏惧地批评政府，批评当政者。言论自由了，思想自然就自由了，思想自由了，财富也就自由了。当所有的人民获得了这些自由，那些贪官污吏为所欲为的时代也就结束了……

记者：

是这样。

孟德斯鸠：

一旦人民都成为真正的公民，独裁者就失去立足之地，只要政权不腐败，国家灭亡的概率就会大大降低，大国强国的出现才有可能。

十　中国式政治的背后

记者：

您在《论法的精神》中提到要在中国建立基督教，同时又说这是不可能的事，您为什么如此认为呢？

孟德斯鸠：

基督教主张天下万民平等，主张通过公开辩论来决定信仰问题，这种情况与某种形式的宽容政治是比较合拍的。当代世界所有基督教国家都能搞民主和共和政治，与此不无关联。但是，中国就不一样了……

记者：

你说说，怎么个不一样？

孟德斯鸠：

在你们中国，家就是国，国就是一个家，对一个家来说，家的目的就是要和平、安宁、和谐，而要实现和平、安宁与和谐，就必须强调服从文化。就你们中国而言，无论是你们的法律，无论是你们的刑罚制度，还是你们的儒家文化，还是你们的各种礼教，强调的就是这种文化。

记者：

中国文化的核心就是这种道德文化，中国的政治就是道德政治。

孟德斯鸠：

一旦你们中国出现道德崩溃，你们的整个国家体系就会瓦解。依我之见，在你们的文化中没有分权的因子，这是一种缺乏政治免疫力的政治。周期性的崛起、周期性的崩溃是必然趋势。

附：孟德斯鸠简传

查理·路易·孟德斯鸠（1869～1755年），法国启蒙思想家，社会学家，法学家，是西方国家学说和法学理论的奠基人。孟德斯鸠是一位百科全书式的学者，曾被选为波尔多科学院院院士、法国科学院院士、英国皇家学会会员、柏林皇家科学院院士。主要著作有《波斯人信札》《罗马盛衰原用论》《论法的精神》等。

第八章

主权在民

——对话让-雅克·卢梭

引 子

卢梭的一生非常凄惨，美国政治学家乔治·霍兰·萨拜因在《政治学术史》中说，卢梭在社会交往中，备感生活拮据、极其无聊和自我猜忌的痛苦。卢梭除了同女人交往以及进行一些全无学术内容的社交活动外，似乎从未感到舒畅过。卢梭嗜好寄生，在相当长的时间中，过着半寄人篱下的生活。但就是这样的一个人，宁愿屈辱地寄居在有钱女人的石榴裙下，也不愿意与政府进行合作。或许是我们的主人公总喜欢从下层民众的角度发声，他那个时代的政府和政治家们总喜欢把他的著作作为焚烧的对象。他的《社会契约论》出版后，法国当局下令逮捕卢梭，他不得不逃到日内瓦，于是成了一个孤独的流浪者。日内瓦当局自然也到处搜捕卢梭，并下令焚烧他的书。他的《爱弥儿》在荷兰出版不到20天，荷兰政府就迫于法国政府的压力，同样下令逮捕作者，并把他出版的著作统统运回法国烧掉。与这样一位宁愿仰仗贵妇人生活也不愿意投靠政府的"禁书"作者进行交流，其感觉肯定非同寻常。

一 人类最适宜的状态

记者：

霍布斯的《利维坦》您读过吗？

卢梭：

不止一遍。

记者：

霍布斯认为，在人类的原始状态，也就是您书中所说的自然状态，人的本性是邪恶的，而人与人的关系则无异于"一切人反对一切人的战争"。

卢梭：

他是这么说的。

记者：

果真如此，那也太可怕、太可悲了。

卢梭：

你也不必多愁善感，霍布斯说，在自然状态下，每个人都是利欲熏心的，谁能猎取什么便占有什么，谁能保住它多久就保住它多久。而在我的理论中，这种状态并不存在。在我的理论预设中，人类在自然状态下的生活与霍布斯所说的完全相反。

记者：

完全相反？

卢梭：

一点不假。身处那种状态下的人们并不知道道德为何物，因而也就不知道什么是美德、什么是邪恶，既无所谓权利，也无所谓义务。这是一种互不妨碍的和平状态。这是最适宜于人类生活的状态。支配这种社会的有两大原则：一条是关心自己的幸福与自我保存；另一条就是怜悯心和同情心。正是这两条法则让人类得以和睦生活。

记者：

您在《爱弥儿》中说“出自造物主之手的东西，都是好的，但一到了人的手里就全变坏了”，似乎您把人类堕落的原因全部归结为社会与国家了？

卢梭：

难道不是?!

二　私有制宣告不平等的到来

记者：

人类在自然状态下是一种和平的平等状态，那么人类的不平等是如何产生的呢？

卢梭：

促使人类由平等向不平等状态的转变，主要是三大原因。

记者：

哪三大原因？

卢梭：

第一个原因是私有制。

记者：

私有制？

卢梭：

我在上面说过，支配人类自然状态的法则之一是人类的自我保存，为了自我保存，人们便开始使用工具进行生产。在生产的过程中，人们开始打破各自孤立的局面，于是开始了彼此的联系。这个时候，人们习惯于聚集在小屋前或者大树下，一旦有闲暇时间，就在一起唱歌跳舞。此时，每个人开始注意别人和自己，区分了自己和他人。于是，一些人开始利用公众的注意和重视来获取利益。在这种情况下，最能歌善舞的人，最美的人，最灵巧和最有口才的人便成为最受人尊敬的人，于是人中间开始出现了三六九等，于是开始出现了不平等。

记者：

听您说这些，很有意思，接着说。

卢梭：

人类一旦迈出了第一步，就产生了荣辱感，这便破坏了自然状态。与此同时，家庭出现了，每个家庭都变成了一个小社会，于是私有制真正出现了。总之，当一个人觉得需要另一个人的帮助时，当一个人觉察到拥有两个人的好处时，人与人之间的平等就消失了，私有制一旦出现，人与人之间的平等状态就不复存在了。而到了国家出现以后，人与人之间的不平等就更加严重了。

记者：

按照您的观点，私有制应该是一种很不好的东西，我所敬佩的一位思想家……

卢梭：

马克思呗？

记者：

是的。马克思对私有制的经典看法就是受到您的启发而提出来的。既然私有制不好，人类早早就应该防微杜渐，阻止这个东西的出现。

卢梭：

是啊。人不是什么理性的东西，吃一天饭，混一天日子，没有人去认真关注这些事情。一开始是没有人采取措施去防范私有制的出现，到后来人类则对这种病态的政治产生依赖性，谁都不去阻止这个东西的出现。于是，私有制就越来越厉害了，以至于到了病入膏肓的程度了。

三　国家：富人欺骗穷人的产物

记者：

私有制一旦来到世间，就必然会在那些强者和那些抢先占有财富的人之间引发没完没了的冲突，这些冲突往往以战争和残酷的屠杀而告终，那我们的祖先们是如何处理这些矛盾的呢？

卢梭：

有钱人就是高明。

记者：

什么意思啊？

卢梭：

为了保护自己的财产不受穷人们的哄抢，那些脑肥肠满但却精明无限的富人站出来拉着穷人的手说，哥们，社会这么乱下去对谁都没有好处，咱们联合起来吧，只有联合才能保障你们穷人不受到压迫，才能确保那些有野心的人不至于横行霸道，才能保证每个人都能拥有属于自己的东西。

记者：

那如何联合呢？

卢梭：

就是成立国家，制定法律，富人们对穷人们是这么说的。

记者：

成立国家，制定法律？

卢梭：

富人们把胸脯拍得通红，他们对穷人们信誓旦旦地说，为了让大家都平安，都拥有自己的财产，我们需要制定不偏不倚、人人都无条件遵守的法律和规则。穷人们一听，也觉得很有道理，于是国家出现了，法律也便出现了。

记者：

既然如此，那您说国家是富人欺骗穷人的产物，什么意思？

卢梭：

法律一定下来，富人们已经占有的东西就获得了国家的保护，而穷人本来就一无所有，法律制定出来以后依然是一无所有。这时候，富人的特权地位，富人对穷人的统治地位就被以法律的形式堂而皇之地固定下来，富人对穷人的统治也就名正而言顺了。而穷人除了拿到几条干巴巴的法律条文外，依然是一无所有。他们虽然成为了国家的一个公民，但却永远地失去了他们的天赋人权。你说这不是欺骗是什么？而到了暴君出现以后，人民的地位就更惨了。

记者：

暴君一旦出现，人民的地位肯定更加凄惨。

卢梭：

确实如此。人民本来是希望君主能够保障其自由和生命，但这些君主却成为践踏法律、奴役人民的暴君，结果是臣民的一切都被暴君据为己有，而暴君剥夺臣民却被法律视为公正。可以说专制暴君的出现，使人类的不平等发展到了极点。

四　关于“二次契约”

记者：

通过研究您的生平，感觉您一辈子生活得很不容易，我有一个问题想问您。

卢梭：

直说。

记者：

1749年法国第戎学院举行征文活动，您以一篇《论科学与艺术》赢得一等奖，学院给了您多少钱？

卢梭：

不少，但具体多少，真的记不清了。

记者：

第二次征文您拿到多少奖金？

卢梭：

一分钱也没拿着。

记者：

为什么？

卢梭：

估计是我的观点与评委会的观点不一致，所以被枪毙了。

记者：

如果您换个角度，把观点改一下，或许就能拿到一大笔奖金了。

卢梭：

或许是，但历史不能假设，说什么都晚了。

记者：

我明白了。

卢梭：

你明白什么？

记者：

您是为获奖而写作，为金钱而写作，为了金钱，您随时准备改变你的观点，您没有什么主见。

卢梭：

还真不是。观点可能有错，但都是我的真心话。

记者：

那您如何解释您在《论人类不平等的起源和基础》中说国家是富人欺骗穷人的产物，而在您的《社会契约论》中又说国家是人民公意的体现，国家是公平的社会契约的结果。如此矛盾，难道您看不出来？

卢梭：

前者叙说的是残酷的现实，而后者描述的是我的理想。现实与理想之间存在着永恒的矛盾，这是一种客观的存在，我何错之有啊？

记者：

矛盾的不是您，而是这个可悲的存在？

卢梭：

是这样。私有制、国家是不平等的根源，而我从未承认过它们的合理性。在我看来，必须诉诸于理性主义的“二次契约”来彻底改变这种现实。作为一个学者，不能只满足于痛快淋漓的批判。批判谁都会做，关键要善于利用自己的理论去构筑更加理想的社会，这才是学者们的价值之所在。伏尔泰那种做法，我是不欣赏的。

记者：

伏尔泰？

卢梭：

在谩骂与批判方面，伏尔泰堪称一流，无人能比，但你问他如何建立一个新的社会，他就不知道了，他提不出任何新东西。不信你去看看他写的那些书。

五　自由：源自于人性法则

记者：

我知道伏尔泰、狄德罗这些人对您评价不高，所以您对他们也不会有好看法。我不想介入你们中间的这些笔墨官司。我想向您请教一个理论上的问题。

卢梭：

什么问题？

记者：

作为国家机器，它往往拥有至高无上的权力，理由何在？

卢梭：

这是一个大问题，这个问题回答好了，其他问题也就好解决了。关于这个问题，历来就有“自然父权说”“天生奴隶说”“人民约定说”，当然，你是知道的，“君权神授说”也是很有影响的。我们可以逐个进行一下探讨。

记者：

好啊。

卢梭：

先说“君权神授说”吧。

记者：

从亚当、夏娃那里找寻权力的根源，不用多少解释，我就知道是很荒唐的。还是从您提到的“自然父权说”开始吧。

卢梭：

主张“自然父权说”的人说，在原始社会就有着儿子服从父亲的家庭父子关系，随着家庭的扩大，父亲就自然而然地演变为首领或君主，父亲对子女的管理权也就自然而然地转变为君主对于人民的统治权。权力的来源就是如此。

记者：

听起来似乎很有道理啊。

卢梭：

错。

记者：

为什么？

卢梭：

毫无疑问，一切社会之中最古老的而又唯一自然的社会，就是家庭。但是我们不能用孩子依附于父亲来看待原始社会中的家庭关系。

记者：

什么意思？

卢梭：

我的意思很明确，那就是即使是在原始社会里，父亲与子女之间的关系也不是简单的依附关系。

记者：

那是一种什么关系呢？

卢梭：

我们都曾经做过孩子，我们对我们的父亲都产生过依赖，但那是在我们很小的幼年和童年时代，我们自己养活不了自己，所以不得不依赖父亲。但是当我们长大了以后，我们就不再需要父亲的照顾了，相应地，父亲对我们也就没有予以照顾的义务了。到了这时候，我们与父亲之间的关系就是彼此独立、彼此平等的关系了。

记者：

如果继续生活在一起，还是如此？

卢梭：

当然如此。孩子大了，完全可以独立生活，但是出于亲情，父子之间完全可以生活在一起，但这时候，维系父子关系的是亲情，是自愿，而不是某种强制。某种无形的约定就是维系父子关系的纽带。这时候，父子之间的关系就是平等、自由。很显然，父子关系与那种君主与人民之间的关系是不一样的。

记者：

依照您这么解释，看来是这样。

卢梭：

在家庭关系中，父亲爱儿子，而儿子也爱父亲。而在政治社会里，君主与臣民之间就不存在这种天然的爱。正因为不存在这种爱，君主们就会动辄对其属下的人民施加某种暴力和强制，动辄对人民发号施令。

记者：

您的意思我懂，您是说君主的权力与家庭中的父子关系无关。

卢梭：

可以把家庭看作是国家的原始模型，也可以把父亲比作首领，把孩子比作人民。但是类比是类比，毕竟本质上不同。

六　奴隶不是天生的

记者：

古罗马皇帝卡里古拉说人天生就分为奴隶与奴隶主，也就是说，有的人天生就适合于当奴隶，有的人就天生适合于当奴隶主。

卢梭：

亚里士多德也是这么说的，他说人并不是天然平等的，有些人是奴隶，有些生来就适合统治别人。荷兰的法学家格劳修斯、英国的思想家霍布斯也都是这么认为的。一个鼻孔出气。

记者：

您不以为然？

卢梭：

当然是。人类社会最初并不存在所谓的奴隶，只有当有人诉诸暴力造出奴隶之后，奴隶的子女才会天生就是奴隶。也就是说，奴隶是由奴隶制度创造出来的。在这种奴隶制度下出生的人，都是生来就是奴隶的人。枷锁之下，这些天生的奴隶丧失了一切，他们没有财产、没有自由，没有了一切，就连摆脱枷锁追求自由的意志都丧失殆尽了。不仅如此……

记者：

说啊。

卢梭：

这些所谓天生的奴隶不仅不去仇恨这种奴隶制度，反而因无助懦弱去热爱它，似乎离开这种奴隶制度，他们就没有办法活下去似的。这才是天生的奴隶，实际上，这些奴隶并不是什么所谓的天生奴隶，而是人造的，也就是奴隶制度制造出来的奴隶。

七 强力本身不是权力

记者：

奴隶不是天生的，而只有在奴隶制度出现以后，奴隶才是天生的。

卢梭：

可以这么说。

记者：

其实奴隶制度就是一种力量，正是这种以国家机器为后盾的力量，才让人类分成奴隶与奴隶主，分成统治阶级与被统治阶级。这种力量，可以说是一种强力，一种暴力，才是国家权力的合法来源。您是这个意思？

卢梭：

在回答你这个问题之前，我先问你一个小问题。

记者：

大问题也可以。

卢梭：

小问题。比如说，如果你在森林的某个角落里被一个强盗截住，强盗用枪逼着你把钱包交出来，你交不交？

记者：

好汉不吃眼前亏，如果遇到这种情况，我想我会把钱包交给这个强盗的。

卢梭：

可能绝大多数人都会这样做的。

记者：

或许是吧。

卢梭：

很显然，强盗手中的枪就代表一种权力，你不得不把钱包交出来，说明你服从了这种权力，能不能说这种权力就是合理合法的呢？

记者：

很显然，不能这么说。

卢梭：

所以我们说人们不得不服从权力，并不能必然说明某种权力就是合法和合理的。而唯有合法的权力人们才有服从的义务。

记者：

有道理。

卢梭：

所以，从理论上讲，强者拥有的强力并不能保证他永远有权力去做别人的主人。要把主人这种地位固定下来，就必须把这种地位转变为立足于道德的权力，把服从转变为立足道德的义务。因此，向强力屈服，仅仅是一种必要的行为，或者说仅仅是一种权宜之计，而绝对不是一种道德行为，也不是一种意志行为。因此，这种强力就不可能具有某种道德上的合理性和合法性。

记者：

您简直是在说绕口令，您的意思无非是说，悖逆道德的强力不可能产生合法性，于是也就不可能是权力的合法来源。

卢梭：

就是如此。

八　战争与奴役权

记者：

很显然，战争是一种最极端的强力行为。按照您的理论，似乎即使是在战争中取得胜利的一方也没有权力去奴役在战争中失败的一方？

卢梭：

是这样。格劳秀斯说：征服者有权力杀死被征服者，但被征服者可以以自己的自由为代价来赎取自己的生命，这就是奴役权的来源。

记者：

似乎言之有理。

卢梭：

格劳秀斯的话荒谬之极，你竟然说其言之有理。

记者：

我是说似乎。

卢梭：

错怪你了。何谓战争？个人之间的殴斗不是战争，个人与个人之间的战争是不可能存在的，因此，战争绝对不是人与人之间的关系，而是国家与国家之间的关系。在战争之中，个人与个人绝对不是以个人的资格，甚至也不是以公民的资格，而是以国家的保卫者，也就是兵士的资格出现。所以，战争只能说明国家与国家之间是敌人，国家与国家之间可以为敌，但国家不能与个人为敌。

记者：

也是一种说法。

卢梭：

战争的目的就是要征服敌对的国家，因此为了实现这个目的，如果被征服者的手里继续拥有枪还在负隅顽抗，征服者就有权予以消灭。但是，一旦这些被征服者放下武器，不再用暴力对征服者予以抵抗，这些人又从国家的保卫者恢复为个人。这样一来，征服者就不再有权力对这些人予以屠杀。那么被征服者也就没有必要牺牲自己的自由去拯救自己的生命。也即是说征服者虽然征服了与之敌对的国家，但并没有权力去奴役其属下的人民。

九　任何人都无权“出卖”自己

记者：

您几乎排斥了统治权——也就是权力的所有合法来源，那么权力的来源是什么？

卢梭：

约定，也就是契约。

记者：

我记得格劳秀斯曾经如此说过，个人可以通过约定转让自己的自由，同样，一个国家的人民也可以通过约定转让他们的自由，从而使自己成为某个国王的臣民。按照格劳秀斯的观点，某个君主之所以拥有对人民和国家的统治权，其原因在于人民以约定的形式转让自己的自由。您所说的约定是不是这个意思？这个所谓的约定是不是人们通常所说的法律？

卢梭：

我的看法与格劳秀斯的看法不一样。

记者：

请说啊。

卢梭：

格劳秀斯的观点是不对的。其一，我已说过自由是人类的一种本性，因此，一个人如果不是丧失了意识和自己的理智，如果不是丧失了健全的理智，就不可能通过契约的形式把自己的自由廉价地转让给别人，而不管这个人是皇帝，还是国王。因此，说一个人完全放弃了自己的自由就等于说这个人疯了，说一个国家的人民放弃了自己的自由，也就等于说这个国家的人民全疯了。人在疯的情况下所做出的任何行为，都是荒谬的，都是不可思议的，都是无效的，都是非法的，自由也就不可能形成什么权利。再说了……

记者：

什么？

卢梭：

其二，作为合约的当事方，一方享受着绝对的权利，另一方却承担着绝对的义务，这本身就是无效而违反自由法则，而自相矛盾的。对于一个君主而言，你不去承担任何义务，却要别人对你承担无限的义务；对于一个臣民来说，你毫无权利可言，却要向别人承担无限的责任。简直是荒谬之极！一个放弃了自己权利的人，是天底下最可怜的人。你放弃了你的权利，就等于放弃了你做人的资格，也就放弃了你做人的义务。对于那些放弃了一切的奴隶一样的人，是无法进行补偿的。退一万步……

记者：

退一万步怎么说？

卢梭：

一个人，即便是奴隶，他不得不把自己的权利转让给别人，他的这种行为最多也只能适用其自身。他的子女生来就是人，就是自由的，除了自己以外，任何人都无权处置他们的自由。宣告一个人生的孩子是奴隶，就等于宣告他不是人。即便你是他们的父母，即便你是他们的君主，你也无权处置他们的自由。同样，即使你因为命运的眷顾，你成为别人的统治者，你也无权把这种统治权传给你的子女。

记者：

原来如此。

卢梭：

正是如此！一些无耻的学者千方百计要为专制权力寻找其合法的依据，他们的理论永远不可能是正确的。

记者：

为什么？

卢梭：

专制君主与人民永远是势不两立的两个极端，即使专制君主依靠暴力能够对人民予以残酷无情的镇压，但永远也无法让这种镇压和统治取得合法性和道德基础。这就是最根本的原因。

十　契约让人们组成为一个国家

记者：

您的著作中反复强调人们是通过社会公约而组织成为国家，这是一个什么样的约定啊？

卢梭：

我说你听。生活在自然状态下的人类到了一定时期，必然会遭遇各种各样不测之祸，并且，如果还是像以前那样生活的话，人类则无法克服生活中无数的障碍，也难以防范那些不测之祸。在这种情况下，人类就会通过共同协作的方式克服种种困难。而让人们结合起来的方式就是我说的社会公约，也叫社会契约。

记者：

这种契约的内容是什么？

卢梭：

其核心内容是：每个人都同意把自身的一切权利和力量都转让给整个的集体，每个人都必须接受共同体公意的指导，每个人都成为这个社会共同体的不可分割的一个部分。公意享有至高无上的地位，人们必须服从。

记者：

如果不服从呢？

卢梭：

一个人如果胆敢不服从公意，全体人民就可以强迫其服从。

记者：

我明白了，您说的这个所谓的共同体就是一种道德共同体，就是一种公共人格呗？

卢梭：

也可以说就是人们通常所说的城邦、共和国、国家、政治体，或者说叫做政权、主权等。此时的参与者就是所谓的公民或者说臣民。

记者：

格劳秀斯说人们就是通过这种契约而把自己的自由出卖给君主，您对他的理论并不感冒，时时处处都要批判他的理论，但我就不明白，您的社会契约理论与他的有什么不同呢？

卢梭：

大了去了，我给你慢慢说。

十一 社会契约让人类真正成为自己的主人

记者:

通过格劳秀斯笔下的契约，人们成为国家和君主们的奴隶，您说您的社会契约论与他的有很大的不同，具体有哪些?

卢梭:

在我说的社会契约中，存在着两个目的：一个是通过这种结合，以动员社会全部的力量来保障每个成员的人身和财富；一个是这种结合并没有牺牲每个参加者的权利和自由，不仅如此，他们的自由一如既往。

记者:

您的意思是说人类之间虽然通过契约组成了一个国家，或者说一个主权体，但这种共同体并不是以牺牲人们的个人自由为前提。是不是?

卢梭:

就是如此。关键是……

记者:

关键是什么?

卢梭:

关键是人类一旦通过社会契约组成一个国家之后，人类就从自然状态进入社会状态，从而使人们的行为具有了道德性和正义性，那种自然状态中的自由和权利才具有了真正的含义，才具有了真正的价值。

记者:

如此玄乎?

卢梭:

人类从自然状态中走出来，无论是人类自身，还是社会都发生了令人瞩目的变化。以前人们不知道何谓正义何谓不正义，连这两个名词都没有见过。而如今人们就会不断地关注他人的行为还有自己的行为是否合乎正义、是否合乎道德。此时此刻，正义的呼声代替了生理的冲动，道德性的权利代替了嗜血的本能，理性代替了无节制的疯狂。

记者：

但是不管您怎么说，由于人类通过契约的形式把自己的一切交给了集体，个人已经变得一无所有了，是不是？

卢梭：

不是。人们在进入社会状态以后，他们丧失的是随心所欲的对物的占有和享有，但是获得了由社会共同意志确认和保留的自由以及对物的占有。也就是人并不是变得一无所有，而是变得应有尽有。

记者：

您是说人类进入社会状态之后，人们对于财产的占有并没有变得更加虚拟，而是更加真实？

卢梭：

是这样。人们在形成国家之后，原来由个人占有、享有的财富，便转让给了国家，此时国家成为了财产的主人，但是这种转让，并不是剥夺了个人的财产，而是由国家保证个人继续占有和享有，从而使个人获得了真正的财产所有权。于是乎，财富的享有者便由于一种对公众有利、但对自身更加有利的割让行为，而被人认为是公共财富的保管者，他们的财产权于是也得到国家全体成员的尊重，并得到国家的强力保护，所以说他们获得了他们所奉献的一切。

记者：

仔细想想，您说的很有道理。我曾经参与过房地产产业，可以设想，在自然状态下，人们是想怎么占有土地就怎么占有土地，但是那种占有由于没有得到国家的支持和保护，因而那种占有随时随地会遭到外邦人或者邻居们的蚕食。而在现代社会，各种土地权利是以政府颁发的各种权利证明获得保护，这种证明既然来自国家，那么其最终的权利必然也是国家的。由于得到国家的保护，你一旦获得某项权利，你的权利就意味着获得了国家的认可，也获得了其他公民的尊重，你的权利显然要比纯自然状态下完整得多。

卢梭：

应该是这样。还有，在社会状态下，人们的行为由于得到国家法律的尊重和界定，人的行为彼此之间就有了明确的界限。彼此撞车的情况大大减少，人类的行为也因而获得了道德上的升华和进化，人类精神也于是由一种非道德境界进入了一种道德境界。人从此才成为真正的人，人才迈入真正的道德天地，人于是便由自然王国进入了自由王国。

十二 公共权力的边界

记者：

依照您的理论，社会契约构成了公共权力的合法来源。在您的著作中，您把这种公共权力称为主权，您说主权是至高无上的，主权是不可分割的，主权是不可转让的，依照您的理论，这种权力几乎就是无限的存在。我问您，在公共权力面前，作为个人还有存在的空间吗？

卢梭：

当然有。关于你说的这个问题，我有两句话，一句话是，恰如大自然赋予你有权指挥你的四肢一样，社会公约也赋予国家拥有支配其国民的绝对权力。此乃第一句。第二句话就是，作为公共人格的国家，与作为个体的公民个人，究其自然秉性是不同的，个人与国家之间虽然存在某种隶属关系，但毕竟是彼此独立的。因此，不能将二者完全混在一起彼此不分。

记者：

那界限在哪里？

卢梭：

那就是彼此签订的契约，凡是由公民同意转让给国家的权利，都应该由国家来行使，但是除此之外的权利和自由，就应该归公民自由支配。国家不得染指。这就是界限。否则，就是对公民权利的亵渎和悖逆。公民就有权利采取措施予以自卫。公民对国家采取过激手段，其责任就不在公民了，而是国家的过错了。

十三 品德恶劣者最易登上高位

记者：

根据您的理论，人民的意志显然构成了社会契约的核心内容，这就是您所说的那种主权，但是您应当知道，人民是一种不确定的存在，我想知道人民的意志如何得到实现呢?

卢梭:

你的问题问得是时候。一个国家的活动主要有两种因素起作用:一种是意志,另一种是力量。在国家中,前者表现为立法权,后者则在行政权中得到实现。立法权属于人民,也就是说属于主权者,任何人不得僭越。当然,人民是一种松散的存在,因而人民不可能去直接行使行政权。政府作为人民的委托者便应运而生。

记者:

政府与人民的关系是一种委托关系?

卢梭:

是的,政府与人民的关系本质上不是契约关系,而是一种委托关系。也就是说,如果人民不愿意,他们可以随时把政府予以废掉。

记者:

古往今来,政府大多是以君主制的形式出现的,这些君主高高在上,集国家全部权力于一身,很多学者对这种形式给予高度期待。您是如何看待这种形式的政府?

卢梭:

政府的形式除了你说的君主制,还有贵族制、民主制等等。君主制确实是政府的一种典型形式,这种形式的特点就是国家的所有权力都集中在一个人的手中,有人把这种制度称为独裁制。这个独裁者任命所有的官吏,所有官吏的权力都是来自于这个君主的授权。如果说这种体制有什么优越性的话……

记者:

优越性是什么?

卢梭:

别打断我的话。

记者:

不好意思。

卢梭:

这种体制的好处就是可以集中国家的全部权利朝着一个目标前进,且内部勾心斗角的事情比较少，因而不会导致国家力量因为相互抵消而走向衰败。

记者：

说但是吧。

卢梭：

但是，君主制存在四大致命的缺陷……

记者：

哪四大缺陷？

卢梭：

在君主制下，君主的个别意志与公共意志总是一对矛盾体，这些君主的个别意志总是凌驾于公共利益和公共意志之上。这是第一个缺陷。

记者：

君主制毫无疑问就是家天下，君主们除了关心他们的天下外，就不会再去关心什么公共的利益，人民在这些人的心中简直就是一钱不值的尘土。无论是立法权，还是行政权力，对于普通的人民来说，都是祸害。

卢梭：

第二个缺陷是君主制政体缺乏最基本的竞争机制，由于这种体制实施的是世袭制，只要一朝为王，子子孙孙就自然也是君王了，就自然会骑在人民的头上拉屎撒尿。这些人十有八九都是无能之辈，都是废品。即便偶尔有几个人属于英主明君，也是寥若晨星，屈指可数，绝大多数都是昏庸无能的主。

记者：

第三个缺陷是什么？

卢梭：

第三个缺陷是，在这种体制下，君主们反复无常，他们时而提出这种计划，时而提出那种计划，全凭统治者及其代理人性格的变化而变化。这种政府没有什么长期的目标，因而也不可能有什么连贯的行为。由于君主政府的变化多端，国家也跟着动荡不安，经常从一个极端转到另一个极端，从一个政策转到另一个政策。尤其是……

记者：

尤其是什么？

卢梭：

那就是：在君主制下，走运的人永远是那些品德恶劣的人，永远是那些卑鄙的诽谤者、卑鄙的骗子和卑鄙的阴谋家。在这种体制下，人与人之间比的不是品德的高尚，而是道德的败坏。谁最坏谁走运，谁最坏谁最受到命运的眷顾，谁最坏谁最容易出人头地。这是第四个缺陷。

十四　混合制政府最好

记者：

那到底是哪种体制最好呢？

卢梭：

在说哪种体制最好之前，我先来把其他几种体制的利弊分析一下如何？

记者：

完全可以。您先说民主制吧。

卢梭：

在民主制下，全体人民既是主权者，同时又是行政权的行使者。

记者：

议行合一，应该是一种不错的体制吧？

卢梭：

表面上看，立法者最适合于执行和解释法律，而实际上并非如此。

记者：

为什么？

卢梭：

弊端有三：一是让人民公共体把自己的精力集中到个别的对象上来，不利于提高立法的质量，从而导致立法腐败；二是如果主权者既作为立法者，又作为行政者，就会形成一种没有政府的政府；三是把政府的职能分割开来让很多人来行使，迟早会导致少数人集权。再说了，让多数人去统治少数人，本身也是很荒唐的，是不符合自然的事情。

记者：

贵族制如何？

卢梭：

关于贵族制，我要多说几句。贵族制是从人类社会早期的家长统治逐渐演化出来的。随着社会的发展和变化，贵族制本身也在发展和演化，以致贵族制出现了三种形式：自然的贵族制、选举的贵族制、世袭的贵族制。

记者：

这么多形式？

卢梭：

第一种贵族制，即自然的贵族制只适合于淳朴的民族；第三种，也就是世袭的贵族制最坏。第二种，也就是选举的贵族制我最喜欢，也只有这种贵族制才是真正的贵族制。

记者：

这种选举的贵族制好在何处？

卢梭：

这种贵族制可以把立法权与行政权明确地区分开来。再说，贵族制下选举官员秉承的原则是正直、明智、经验，因此，通过选举选出来的官员，可以保证政治修明和进步。还有，选举形式的贵族制也便于参与者集会、讨论国家的大政方针，并切实将这些政策贯彻下去。当然，采用这种形式的贵族制，需要人民具备一些特殊的道德品行，人民要学会富而有节，贫困而知足。

记者：

所以贵族制——一种选举的贵族制是一种最好的政治体制？

卢梭：

如果我们能够创新出这样一种体制，它能够把贵族制、民主制和君主制的优点都吸收过来，而把这些体制的弊端都排除掉，那才是最好的体制。也就是混合型体制最好。

十五　掌权者总是倾向于滥用权力

记者：

孟德斯鸠在他的《论法的精神》中说掌握权力的人总是倾向于滥用权力，您把这种现象称为“政府的蜕化”。

卢梭：

人的本性确实自私得很，人只要一朝权力在手，他就会立即得意忘形，而干出损害主权者利益的事情。掌权者滥用权力，导致两种必然后果。

记者：

哪两种？

卢梭：

政府收缩是一种，政府解体是一种。

记者：

何谓政府收缩？

卢梭：

政府官员滥用权力，就意味着政府的能量被过度消耗掉了，在这种情况下，政府就会萎缩，体现在政府形式上，就是政府从民主制蜕变到贵族制，从贵族制蜕变到君主制。

记者：

那政府解体是什么意思？

卢梭：

政府解体也有两种形式：一种是，国家的统治者们不再按照法律的规定去管理国家，而是篡夺了人民的权力，对人民和国家进行随心所欲的统治。你应当知道，从政府篡夺了人民的权力的那一个时刻开始，社会公约就被彻底破坏了。一旦这种情况出现，人民也就自然恢复了其天然的自由，这时候人民也就没有义务去服从国家统治者的管理了。人民也就有权力铲除统治者了。

记者：

另一种形式是什么？

卢梭：

那就是政府的内部出了问题，一些政府官员分别篡夺了本应该由集体行使的权力，导致每一个政府官员都成为君主一样的人物，国家于是陷入无政府主义，混乱不堪，战火不断。就是这样。

十六　公民集会：防止国家死亡的最好办法

记者：

那如何防止国家死亡呢？

卢梭：

既然国家的政治生命主要取决于主权的权威，那么，要防止国家死亡，就要千方百计维护主权者的权威。

记者：

如何维护？

卢梭：

那就是公民集会。

记者：

公民集会？

卢梭：

是的。主权者除了立法权以外再也没有别的力量了，维护主权者的权威，其核心内容就是维护主权者的立法权。立法权的行使就是公意的正式表达，而公民集会则是人民表达其意图和意志的最好形式。

记者：

您的意思是说公民们要经常性地举行集会，唯有如此才能确保立法权不至于遭受侵害，才能维护国家的生命？

卢梭：

是的。人民要定期集会，而且这种集会不能由统治者召集。谁召集谁做主。人民定期集会就可以确保立法权得到很好的维护。不仅如此……

记者：

还有什么？

卢梭：

那就是当人民集会的时候，行政权应该暂时中止。

记者：

为什么？

卢梭：

人民定期集会就是审核行政管理人员是否严格依照法律为人民服务，对于那些不合格的官员予以清除。如果你一边在集会，另一边官员还代表人民在那里吆三喝五。这时候人民的价值就等于零了。所以要确保人民的集会实实在在起到维护主权者权威的作用，就必须在集会的时候同时宣告行政权必须临时中止。还有……

记者：

还有什么？

卢梭：

那就是人民必须亲自参加会议，而不能委派代表去开会。人民一旦偷懒不去亲自出席会议，而是选择一些人代表他参加会议，久而久之，这些代表就会成为人民的主人，人民就毫无存在的价值了。

十七　好的政治会让国家死亡得晚些

记者：

国家会死亡吗？

卢梭：

当然。国家的政治生命取决于主权者即人民的权威，一旦这种权威遭到侵害，遭到摧残，国家就失去了生命。这种权威的灵魂就是法律，就是立法权。一个国家，一旦法律失去了权威，一旦人民失去了通过集会制定法律的权力，国家也就离死亡不远了。

记者：

那怎么才能防止国家的死亡呢？

卢梭：

这个问题你已问过一遍了。不管你采取什么手段，国家的死亡都是迟早会到来的，这是不以人类的意志为转移的客观规律。可以说，国家从出生的那一天起就开始走向死亡了，就如你我这些人一样的。当然，不同制度的国家，其政治生命长短也是不同的，好的制度无疑可以让国家的存在更加久远一些，反之，腐败透顶的政治制度则将促使国家更早地寿终正寝。

记者：

您的意思是说好的制度可以让国家存在得更长久一些，可即便如此，国家也终究是要走向死亡的。

卢梭：

这话应该换过来说，国家制度不好，灭亡就会更早一些，而实行好的制度能够让国家更长久地存在下去。在有限的时间内，如何为国家设计出一套好的政治制度，是我们这些思想者的神圣责任！

附：卢梭简传

让－雅克·卢梭（1712～1778 年），法国 18 世纪伟大的启蒙思想家、哲学家、教育家、文学家。他是 18 世纪法国大革命的思想先驱，杰出的民主政论家和浪漫主义文学流派的开创者，启蒙运动最卓越的代表人物之一。主要著作有《论人类不平等的起源和基础》《社会契约论》《爱弥儿》《忏悔录》《新爱洛伊丝》《植物学通信》等。

第九章

最大多数人的最大幸福

——对话边沁

引 子

他快要死了，这是任何人都无法逃避的宿命。他把一位守候在他弥留之际为他送终的亲友叫到面前，说："我感到我快要死了，我们要注意的是必须减少痛苦到最小限度。不要让任何仆人到房间里来，要让所有的青年人都走开。他们看到这种情景是很难受的；他们在这里也无济于事。我当然不能单独地留在这里，你得留下来看着我，而且只要你一个人看着我。这样就可以使我们的痛苦尽可能减少到最小限度。"这就是我们的主人公——英国功利主义的鼻祖杰瑞米·边沁。

"最大多数人的最大利益"，是边沁的名言，自然也是我们对话的焦点之所在。严格来说，边沁算不上一个政治学家，而是一个标准的伦理学家。但同样可以作为政治上的价值判断标准之一的这句名言，完全可以视为对柏拉图《理想国》中反复论证的"正义"原则的更加具体的诠释。

一 立言也不朽

记者：

我以前准备考刑事诉讼法博士的时候阅读了不少法律方面的英语书籍。

边沁：

你是一位法学博士？

记者：

很遗憾没考上。

边沁：

哈哈，博士不好考。

记者：

现在回过头来看，我就不应该参加那次考试。

边沁：

为什么？

记者：

其实在考试之前，具体让哪位考中，学校和导师早就内定了，我那完全属于打酱油类型的，陪考而已。

边沁：

考不上就是考不上，不要生性多疑了。以后有机会再考吧。

记者：

不过我还真的不后悔，为了应付考试，我还读了不少介绍你们英国法律方面的资料，以前还真没有时间去看这些东西。

边沁：

不虚此考吧。

记者：

是的，不虚此考。没想到你们英国的律师制度与我们中国的差距那么大。

边沁：

在我们英国，法律形式不是成文法，而是习惯法，一个一个的案例构成庞大的法律体系，不要说普通市民，就是那些很有学问的知识分子，一遇到法律事务，也是一头雾水，如坠雾里云端。在我们英国，能当一名律师，很了不起，社会地位很高，收入也不菲。

记者：

听说您来自法律世家？

边沁：

我的父亲就是一位知名律师，德高望重，影响很大。我父亲希望我子承父业，他送我到牛津大学林肯学院学习法律，就是希望我将来也能当一名律师。

记者：

您父亲对您期待很高啊。

边沁：

是的，他的梦想是希望我将来能成为英国上院大法官。

记者：

英国上院大法官是个什么官？

边沁：

英国政府内一个高级和重要的官位，排行第二，有关任命都由首相提出意见，再由君主委任。

记者：

委实厉害。那您圆了您老爹的梦了吗？

边沁：

跟你没考上博士一样，也很遗憾。我老爹是死不瞑目啊！

记者：

您总结过没有，原因何在？

边沁：

在我们英国，律师就是政治家，没有政治家那两把刷子就别想当上律师，我干过一段时间律师的营生，但很快就转行了。我生性比较腼腆，不愿意抛头露面，见到生人我就脸红。

记者：

伯特兰·罗素在他的《西方哲学史》说您为人腼腆到苦痛的程度，勉强跟生人在一起时总是万分惶恐。看来他的说法并非空穴来风。

边沁：

你的学术偶像马克思说我没出息，我的好多朋友说我一辈子也没长大，永远是一个幼稚天真的孩子。不算夸张。性格决定一切，我也没有办法改变。不过我离开律师这个行业还有另一个最主要的原因……

记者：

是什么？

边沁：

我们牛津有一位著名的法理学家，他就是大名鼎鼎的布莱克斯通，他出版过一本书，名字是《英国法释义》，我听他的讲座，他讲的就是这本书。布莱克斯通把英国的现有政体和所有制度说得像一枝花，美若天仙，无懈可击，一丝一毫的瑕疵都没有。而在我看来，无论是英国的刑罚制度，还是英国的国家制度，都存在着很大的问题。

记者：

所以，您要研究政治，研究伦理学，研究英国的法律制度？

边沁：

没错。我父亲去世以后，给我留下大笔遗产，我就更没必要东奔西跑到处打官司赚钱了。

记者：

听说您每天都能写出一二十页的东西，著作等身，一辈子似乎也没有干过别的什么事情。不后悔，不觉得单调吗？

边沁：

你们中国古老的哲人不是说过：天地之间，有“三不朽”吗？一是立“德”不朽，二是立“功”不朽，三是立“言”不朽。我是一个凡人，无“德”可立，也是一个俗人，无“功”可立，但我一辈子爱书，爱思考，爱批判，立“言”对我来说似乎不是难事，毕竟这也是不朽嘛。

记者：

您已经基本上是不朽了，我还在奋斗之中。

二　哥伦布之蛋

边沁：

听说你是搞刑法的，也是搞刑法学研究的？

记者：

我对法哲学很感兴趣，第一篇像样的论文就是关于人权问题的。我对刑法兴趣不大，面太窄，很死板，研究不出什么名堂。我看您的书，感觉您对你们英国的刑罚制度很有想法。

边沁：

我们的好多政治家认为刑罚越重越好，许多微不足道的犯罪动不动就被判处死刑，其实这不对，问题很大。

记者：

为什么？对这些邪恶之人不予以严惩不足以平民愤啊。

边沁：

用刑罚来惩治犯人，目的不是因为我们憎恨犯罪人，而是为了预防犯罪。刑罚实施一旦超过预防犯罪的需要，就是多余的。刑罚分明比刑罚严厉更加重要。

记者：

听说您曾经亲自设计囚室，我对您这个作品很感兴趣，您这种设计的意图是什么？

边沁：

我设计的囚室就是一种圆形监狱。

记者：

可否具体描述一下？

边沁：

根据我的设计，圆形监狱由一个中央塔楼和四周环绕的囚室所组成，这个环形建筑内部被隔开，分成很多单人小囚室，每一个囚室有一前一后两扇窗户，作为通光通气之用。

记者：

中央塔楼是什么样子？

边沁：

所谓塔楼，就是一个瞭望台，位于圆形监狱的中央，处在中央塔楼的监视者可以便利地观察到囚室里的罪犯的一举一动，然而囚室里的囚犯却无法看到监视人，他只能看到外表宏大的瞭望塔。

记者：

在您的圆形监狱里，囚犯看不到监视者，而监视者却可以居高临下把这些囚犯看得一清二楚。囚犯都在明处，监视者在暗处。囚犯们从心理上便会觉得自己每时每刻都处于别人的监视之下，因而就会老老实实，而不敢乱说乱动。那您主张把您的圆形监狱都建在大城市附近，出于何种考虑？

边沁：

动不动靠严刑峻法来惩治百姓，是一种最愚不可及的办法。我搞的圆形监狱将是人类文明史上的重大发明，其意义与哥伦布发现新大陆的意义是一样的。因此，我把我的设计冠名为“哥伦布之蛋”。我之所以主张把这些圆形监狱建在大城市附近，就是要让人们经常看到它，它的独特形状、周围的大墙和壕沟、门口的警卫，这些时时让人们想到监禁，想到刑罚……

记者：

您这对于那些处于监禁中的囚犯们是不是有点太残忍了？

边沁：

错。这种设计最符合功利主义原则。

记者：

功利主义原则？一个不免会让人有很多不愉快联想的“主义”。我早就听说有人用这样一句很难听的话评价功利主义。您想不想听听？

边沁：

什么难听话我没听过？说吧。

记者：

有人说，功利主义是一种“只配给猪做主义的学说”，还有人说……

边沁：

瞎扯淡！功利原则没有什么不好，关键在于追求和实现的是一种什么样的功利。我的功利主义原则所追求的不是少数人的利益，而是最大多数人的最大利益。堂堂正正，光明正大，何来什么“不愉快的联想”？

三　联想原理

记者：

我看得出来，您主张把您设计的圆形监狱建立在大城市的附近，您的目的就是让人们一看到这些圆形监狱，就会立即联想到刑罚，就如让一条狗一看到带刺的棍子就会想到皮开肉绽一样。

边沁：

是的。

记者：

您这套东西无非就是把巴甫洛夫提出的条件反射原理搬到了您的理论中来。

边沁：

巴甫洛夫的条件反射理论属于生理学范畴，我说的“联想原理”是观念与观念之间的联合，因此纯粹属于心理学范畴，但本质上没有什么区别。从理论渊源上讲，我的理论与巴甫洛夫无关，而是直接来自于哈特里1749年提出的理论。

记者：

哈特里是谁？

边沁：

一位心理学家，再多我也不知道。

四　伊壁鸠鲁

记者：

每想到您的功利主义理论，我想到最多的是古希腊哲学家——伊壁鸠鲁。

边沁：

你的“联想”很有道理。伊壁鸠鲁生于公元前341年，死于公元前270年。伊壁鸠鲁是德谟克利特学说的继承者和修正者。伊壁鸠鲁在公元前307年到雅典，在自己买的花园里办学，因此他所创立的学派被称为花园学派。此君天才无限，其著作多达300多卷。《论自然》《准则学》《论生活》《论目的》都是名篇。

记者：

我所关心的是这个学派的观点。

边沁：

其学说要点是：幸福生活、快乐生活，是天生的最高的善。我们的一切取舍是从快乐出发。我们的最终目的乃是得到快乐。

记者：

此观点我看与您的功利主义非常相似，不同点在哪？

边沁：

伊壁鸠鲁主义希望通过逃遁避世、脱离社会来实现人类的快乐。而我们的观点则不同，我们主张诉诸积极的进取、积极的生活来实现人间的快乐。

五　培根：全体福利说

记者：

我还联想到培根。

边沁：

培根被人们称为唯物主义者，其实唯物主义、唯心主义这些名词没有多少实际意义。

记者：

我不关心唯物主义、唯心主义，我只关心培根对于功利主义学说的影响。

边沁：

培根把道德哲学定义为研究如何实现人的欲望和意志的科学，因此，好的道德哲学就是研究如何实现人类最大幸福的科学。培根还主张，整体大于个别，因此，他的幸福观就是“全体福利说”。

六　近代第一个功利主义体系

记者：

有学者说，是英国思想家霍布斯建立了近代第一个功利主义体系。

边沁：

是的，就是那个出版了《利维坦》而声名远播的霍布斯。霍布斯政治哲学有两大主题：一个是意志，一个是人造物。在霍布斯看来，所谓的意志是绝对的，它不以任何标准、规则和理性为条件，也不受到任何计划或目标的左右。

记者：

我听不出这与您的功利主义理论有何关系。

边沁：

听我说，别急。如果你仔细研究霍布斯的著作，你就会发现霍布斯笔下的意志，就是个人意志，就是每个人运用他自己的权利以求保全自己生命和自由，而这种权利则来自于人类趋利避害的本性。

记者：

当私人利益与社会利益出现矛盾时，如何处理呢？

边沁：

矛盾是一种表象，私人利益必须以社会利益为基础，而社会利益也必须以私人利益为基础。

七　普遍的幸福是最大的善

记者：

我看过洛克的书，洛克说，世间万物之所以有善恶之分，只是因为这些事物与苦乐存在某种关联。所谓善自然就是指那些能够引起快乐和减少痛苦的东西，而所谓恶就是指那些能产生痛苦和减少快乐的东西。

边沁：

洛克是这个观点。

记者：

洛克还认为，人是一种理性的动物，当人在自然感性欲望的驱使下去追求快乐时，总是追求最大最长远的快乐。同样，当人在自然本性的驱动下去规避痛苦时，也总是以最大限度减少痛苦为宗旨。

边沁：

洛克就是这个观点，我在书中直接引用了他的好多观点。

八　人的本性与人的理性

记者：

还有谁对您的功利主义理论产生过比较大的影响？

边沁：

数不胜数。

记者：

想听听。

边沁：

还有孟德斯鸠、爱尔维修，还有休谟，还有亚当·斯密等等。孟德斯鸠认为社会道德的原动力出自人的自爱和自私的本性。

记者：

什么意思？

边沁：

应该好理解吧，他的意思是说：人是一种受欲望支配的物种，但当人为功利而压制自己欲望的时候，一种天然的自豪感便会油然而生，这是一种自然的报答。

记者：

爱尔维修怎么说？

边沁：

决定人类行为的，有两种东西，一种东西是人的本性，一种是人的理性。

记者：

人的本性是什么？

边沁：

趋乐避苦，永远不变的人性。

记者：

人的理性是什么？

边沁：

理性是人类一种依靠理智而行事的秉性。理性告诉人们如何以社会成员的眼光来评估自己的行为的后果，因而懂得必要的“舍得”。

记者：

何谓“必要的舍得”？

边沁：

那就是：一个人必须学会处理好个人利益与社会利益的关系，如果不能做到适时的放弃，则可能会导致更大的痛苦。这就是人的理性。

九　粗糙的“拿来主义”

记者：

我们不谈别人是怎么说的了，我想知道您的功利主义理论到底包含哪些内容？

边沁：

你既然看过我的书，那应该很清楚了吧？

记者：

非常不清楚，越看越不知道您的理论与您之前的那些人的观点有什么不同。

边沁：

奇了怪了。好吧，我就用几句话来把我的理论向你做个普及吧。

记者：

好啊。

边沁：

我的《道德与立法原理导论》首先是从阐述功利的概念作为起点的。

记者：

自然。一般人心目中的功利就是自己心目中的二亩三分地，所以人们往往会把功利主义等同于极端的利己主义者，这些极端的利己主义者是丝毫不会考虑什么社会福利的，因此，这个词基本上是个贬义词。在您看来，何谓功利？

边沁：

这是一种天大的误解。在我看来，所谓功利，系指任何客体的这么一种性质，它倾向于给利益有关者带来实惠、好处、快乐、利益和幸福，这是我从积极的方面给功利下的定义。

记者：

那从消极的方面如何进行定义呢？

边沁：

从消极方面来定义，所谓功利自然就是指这种事物倾向于防止利益有关者遭受损害、痛苦、祸患与不幸。

记者：

利益有关者包括哪些？

边沁：

或为个人，或为利益共同体。若为个人，所谓功利自然就是个人的幸福；若为共同体，所谓功利自然就是共同体的幸福了。

记者：

明白。接着说。

边沁：

第二个层面是阐述人性与功利主义的关系。

记者：

人性？

边沁：

人类的事情，与自然界一样，无不有着自身的规律。这种规律就是人类永恒不变的人性。人类的所有问题，例如宗教问题、政治问题、经济问题、道德问题、法律问题，都起源于人性。因此，你只要把人性问题弄清楚了，一切问题都会迎刃而解。

记者：

怎么解释？

边沁：

人类身心的天然构造，决定了他们自己的快乐和幸福是他们为了自己的利益，希望获取或实际追求的唯一东西。也就是说，正是这种“人类身心的天然素质”决定了人类必然是这种功利原理自觉或者不自觉的执行者。不仅如此，人类不仅以此功利原理规范自己的行为，也把这个原理作为评判他人行为的标准。

记者：

人们习惯于把您的理论用“最大幸福原理”来代替，可否？

边沁：

这种代替我不反对。

记者：

也就是说，您同意这种说法？

边沁：

本来就是这个意思。我在我的书中多次指出，趋利避苦，趋利避害，就是人的本性。因为人都有相同的感觉，有相同的苦乐感受，因此，人的苦乐感只有量的差别，而没有质的不同。换句话说，欣赏一首优美的歌曲与饱食一顿精美的食品所获得的快乐是相同的。人所追求的快乐，只是那种最持久、最确实、最广泛、最纯粹的快乐，这就是最大的快乐。

记者：

那最大多数人是什么意思？

边沁：

这个最好理解了。那就是快乐不能成为少数人的奢侈品，应该飞入寻常百姓间，应该让最广大的人民成为享受幸福的主体。

记者：

每个人都希望最大限度地享受幸福，人与人之间必然会出现冲突，如何控制这种矛盾？也就是说自由的“边界”如何把握？

边沁：

你是学法律出身，我一说你就明白，自然控制这个边界的是法律。我们之所以要制定法律，就是通过法律保证任何人在追求自己的快乐的过程中，不去妨害别人追求同样的快乐，这样就能确保最大多数人的最大幸福得到实现。

记者：

通过上面的对话，我倒越来越相信英国人伯特兰·罗素对您的评价了。

边沁：

罗素怎么说？

记者：

罗素在《西方哲学史》中关于您的原话是这么说的："边沁及其学派的哲学的全部纲领都是从洛克、哈特里和爱尔维修那里来的。"罗素话说得很文雅，很委婉。我的理解是异常的简单，他的意思就是说你的思想都是从别人那里"借"过来的。

边沁：

你依然很文雅，很委婉。你就直说我是剽窃了别人的观点吧。用这种语言评论我的，不止罗素一个人。说句心里话，我原以为我的天赋最适合于搞理论研究，但后来觉得我的强项还在于理论应用。我还提不出多少石破天惊的理论。

记者：

当代哲学家维特根斯坦说过："对于人们不能谈论的，就应当保持沉默。"

边沁：

拐弯抹角的，你想表达什么意思？

记者：

既然您不能搞出什么精深的理论，何苦要去编撰一些粗制滥造的体系？

边沁：

你这么一说，还真是伤害了我的自尊，我得与你说道说道。

十　让立法成为科学

记者：

不是我要伤害您的自尊，而是罗素要伤害您的自尊。

边沁：

你这人素来说话喜欢含沙射影，指桑骂槐。罗素的话只不过是你糟蹋我的工具而已。

记者：

并非如此。如果您认为受到委屈或者伤害，完全可以为自己进行辩护嘛。

边沁：

在进行自我辩护之前，我想与你谈点私人的事情。

记者：

你我之间八竿子打不着，有什么私人的事情可以交流呢？

边沁：

我说得不尽准确，是关于你个人的事情。

记者：

随便，说吧。

边沁：

你以前曾经发表过研究刑罚效益方面的文章，是吧？

记者：

是的，我那时正在读研究生，那篇文章还获得了研究生院和大学学术研究一等奖。

边沁：

内容是什么？

记者：

我把数学知识引入刑罚学研究，意图将刑罚的效益用数学公式表达出来，并进行比较，以便提出必要的司法建议和立法建议。

边沁：

你在刑罚理论上有什么创新没有？

记者：

实话实说，没有，我只是将成熟的刑罚理论予以量化研究而已。

边沁：

有价值吗？

记者：

学术研究不仅需要纯理论性的研究，也需要有人把这些理论予以技术化，以便为司法实践和立法人员提供必要的理论支持。两种理论研究都重要，一个都不能少。

边沁：

现在我可以开始给自己辩护了，我所做的工作就是你干的事情。在我之前，有许多人都搞功利主义学术研究，高屋建瓴的理论确实不少，体系上也很完美，但是这些理论大多只具有笼统的形式而已，好看不好用。可以说这些理论无论是对立法还是对司法，都没有什么实际的价值。

记者：

是吗？

边沁：

当然是了，你我的伟大就在于我们力图为践行这些正确的理论制定了详细精密的严格标准，我们通过诉诸详细而完备的计算，让这些理论实实在在地发挥作用。你的文章与我的书虽然看起来显得很繁琐不堪，但是很实用，一目了然，简直就是实用手册。

记者：

经过您这么一解释，我不仅觉得自己也很了不起，也相信了另外还有好多人对您给予高度评价。

边沁：

说来听听，我急需要补充一些正能量。

记者：

你们西方有一个学者，名字叫作麦考利，他把您比作法学领域的“伽利略”，还说您是“使法学从莫名其妙之物变成科学的人”。另一位法学家，名字叫布鲁厄姆，他在下议院是如此高度夸奖您的，他说“在他之前”，此处的“他”显然就是说您，“没有任何人可以说是把立法当科学看待，而如此对待便使之成了科学。这就是他的卓越之处”。

边沁：

我很受用，这也是说你呢。

十一　理想的法典

记者：

史料表明，您曾经先后草拟了英国宪法、民法、刑法以及国会改革法案的要点，1832 年英国议会选举法制度改革的成功，1834 年英国济贫法的变更，1873 年统一审判制度的改革，无不渗透着您的心血。

边沁：

得到你的肯定，我很高兴。

记者：

与您谈得越深入，越觉得您很伟大，而我与你就不同了。我想问您，一部理想的法典应该是什么样子的法典？

边沁：

不管对不对，我以为，一部法典如果能够具备这样几个条件，就应该是一部理想的法典。

记者：

哪几个条件？

边沁：

其一，它必须是完整的一部法典。

记者：

完整？什么意思？

边沁：

一部完整的法典要自成体系，而无需借助于各种各样的注释和判例形式予以补充。

记者：

我明白。其二呢？

边沁：

其二是，作为一部完整的法典，它在叙述其所包含的法则时，必须使每一句话都达到最大可能的普遍性。

记者：

解释一下。

边沁：

这部法典必须用最少的法则来说明全部法律问题。其三是，作为一部完整的法典，必须具有严格的内在逻辑性，不能前后矛盾。其四是，在语言运用上，法律语言必须严格准确，意义要做到唯一性，不能一字多义，一词多义。否则法律就乱套了。

记者：

我再给您加上一条。

边沁：

好啊。

记者：

那就是：法典编纂要避免使用晦涩难懂的语言，要通俗易懂，要清晰、简洁，要让当事人、法官和律师都容易明白，一看就懂。

边沁：

你说的其实包含在我的“其四”中。

记者：

喔！

附：边沁简传

杰里米·边沁（1748～1832年），英国哲学家、法学家和社会改革家。他是最早支持功利主义和动物权利的人之一。他著有《政府论片断》，在其中对英国宪法进行了探讨。在他的《道德与立法原理》一书中，功利主义的原则第一次得到明确的表达。边沁在实践上是激进的社会改革者，他反对君主制，提倡普选制度。边沁也是最具影响力的古典自由主义者之一，其影响力不仅来源于他的著作，而且来源于他全世界的门徒，包括约翰·斯图尔特·密尔和一些政治领袖，如罗伯特·欧文等。

第十章

制度革新：政治革命之根本

——对话康有为

引　子

戊戌变法失败后的康有为一改之前作为改革者的形象，变化为一个冥顽不化的“保皇派”分子。不仅如此，康有为还说自己因不察国情而倡言维新，并对此深表忏悔。他在晚年发表的《国会叹》中如此写道：“追思戊戌时，鄙人创议立宪，实不察国情之巨谬也。程度未至而超越为之，犹小儿未能行而学踰墙飞瓦也。”不过对这些，笔者并不感兴趣，我所感兴趣的是我们的主人公在此之前为改革已经病入膏肓的中国政治制度提出的那些振聋发聩的高见。康有为不是一个书呆子，而是一个勇敢的行动主义者。他不迷恋冥思苦想，不沉醉于静观，而是说干就干，立即行动。康有为的缺点或者说错误是中国的每一个知识分子都可能犯的，而他的伟大则属于他一个人，即便是梁启超这样的大才也只能望其项背。

一　空谈高论误国误民

记者：

您出生于名门望族、书香门第，尤其是您的祖父在您很小的时候，就教授您诗文道义、歌赋文章，论天赋、论才情、论勤奋，您都远甚于您的弟子梁启超等人，但是梁启超早早就是举人，而您参加科举考试，却屡屡败北，原因何在呢？

康有为：

科举考试考的是四书五经三纲五常，书中自有黄金屋，书中自有颜如玉，这些东西对于做官价值非凡。我自幼就具有一个从政当官的梦，但我看到对于当下的中国，所需要的不是那些唯唯诺诺的官员政客，需要的是实实在在救国救民富国富民的知识。科举考试所强迫人们掌握的知识，大多属于空洞无物的教条，除了可以让人们摇头晃脑背诵外，对国家对民生是没有用处的。

记者：

所以您随心所欲地看书，东一榔头西一棒槌，该学的不学，不该学的脑子塞得满满的。

康有为：

你不要用这种语言和我说话，在这方面，我知道你与我是半斤八两。你上大学时，学校给你安排的你学了吗？你上研究生时，学校给你安排的课程你学了吗？你一见到最终肯定有标准答案的考试，你就倒胃口；你一见到可以发表异端邪说的问题，你就热血沸腾。还有，你为了应付那些你不愿意的考试，竟然私下请同学帮助你记笔记，去从老师那里私下套考题和答案……

记者：

嗨嗨，请不要转移话题，请不要说我，说您。

康有为：

就说我吧。我从小就把四书五经背得滚瓜烂熟，但我真正喜欢的还是那些与现实有关系的书，11 岁时，我就读了《大清会典》《东华录》，我还喜欢看报纸，在当时叫作邸报。通过这些书报，我比别人更清楚当今时代到底发生了什么事情，哪些事情与我有关，哪些事情与我无关。我的理想就是当一个像曾国藩、骆秉章和左宗棠那样救国救民的大英雄，而不是那些躲在象牙塔里病怏怏的书呆子。

记者：

难怪您在您的自编年谱中夸奖自己年幼时就是“慷慨有远志矣！”

康有为：

开玩笑，开玩笑！20 岁时，我拜朱九江为师，我看重的并不是朱先生理学的高深，而是觉得朱先生的学说提倡经世致用，颇有孔夫子学说“内圣外王”的韵味。你知道什么叫作“内圣外王”吗？

记者：

在灵魂上做个“圣人”，在俗世要为君为相。一句话，要做个伟大的成功者。你拜师朱九江就是为了寻求帮助你成就俗世与出世都能成功的伟大理论吧？但据我了解，朱九江的理论基本上也是偏重考据训诂，偏重于寻章摘句，偏重于皓首穷经，这与你一向讨厌的为学术而学术的生活似乎也没有多少不同。

康有为：

所以我后来离开了朱九江，去研究道家之学，去研究佛家之学，乃至于去研究西学。

二　佛学、儒学与西学之交集

记者：

收获如何？

康有为：

我曾经一度绝学捐书，闭门谢客，静坐养心，并专修道家经典，但是感到道家的那套理论对我毫无益处，他们主张清静无为，而我主张过一种轰轰烈烈的生活，因此他们的那套理论就不可能不让我厌恶。

记者：

佛家的学问如何？

康有为：

佛家的学问就大不一样了。

记者：

不一样在哪？

康有为：

我潜心佛典，深有所悟，其一，我悟出佛家理论主张众生平等；其二，佛家主张与其布施于将来，不如布施于现在，与其恻隐于他界，不如恻隐于最近；其三，佛家理论舍弃出世而主张积极入世。佛家的这套思想与儒家学术所弘扬的“内圣外王”的主张完全一致。儒家中的“圣人”与佛家“世尊”的形象不谋而合。

记者：

不愧是儒学大家，不去仔细琢磨，还真不明白您的话。经过一番思考，我终于明白了，在您看来，无论是儒家，还是佛家，都主张要体谅民众的苦难，并力所能及地去予以拯救；无论是儒家还是佛家，都主张要经营天下，不能消极避世。那西学如何？

康有为：

通过阅读《西国近事汇编》《万国公报》《海国图志》和《瀛寰志略》等书，我终于明白，西学在国家治理上确实具有他们的法度和绝招，他们的理论要远远比我们的更加注重现实。以前我们把这些欧洲人看作是蛮夷之人，确实是不对的，人家要比我们高明许多。在这一点上，儒学、佛学与西学是存在交集的，那就是关注民生疾苦，关注世道艰难，关注天下兴亡，关注俗世今生。

三　我不是一个抄袭者

记者：

您听说过美国学者列文森吗？

康有为：

屈指可数的大汉学家，你为什么提到他？

记者：

我看过列文森的著作《儒教中国及其现代命运》，他对您是赞赏有加啊！

康有为：

他是如何赞赏我的？

记者：

他说您"临危不惧地改变了历史"，他说您"为了改革儒学，使儒学与近代的改革实践相结合，并付诸行动，从而为权威的儒学提供了最后一次服务于近代中国政治的机会"，他还说……

康有为：

欲擒故纵，欲贬先扬是你批评对话者的惯用伎俩，你就不要说列文森是如何夸我的了，你就直说他说我什么坏话吧。

记者：

您一辈子都是那么激情，那么敏感。列文森对您是高度肯定的，如果说他说过什么对您不好的话，那就是他曾经以一种怀疑者的语气谈到您可能是一位不那么正大光明的抄袭者。

康有为：

这件事并非只有这个美国人说过，有好多人都说我剽窃了廖平的著作。

记者：

廖平何许人也？

康有为：

四川人，1879 年中举，晚清经今文学派的重要人物，其著作有《今古学考》《知圣篇》《辟刘篇》。列文森等人说我是一个抄袭者，就是说我的书——《新学伪经考》和《孔子改制考》——侵犯了廖平的著作权。

记者：

历史的真相到底是什么？云里雾里，莫衷一是。我多次翻阅您的《自编年谱》，感觉您是语焉不详，似乎是有意无意地回避这段历史，您有什么难言之隐吗？

康有为：

当初好友沈增桐把廖平的《今古学考》给我，是想把我的注意力吸引到训诂考据上来，不要去搅合什么政治，他们担心我口出狂言，恣意行事，惹恼政府，弄不好把小命丢掉。廖平把他的《知圣篇》《辟刘篇》给我也是出于对我的信任。对此我先直说两句话。

记者：

说。

康有为：

一句是，我在拿到廖平的书之前很早就接触了经今文学，我并不是通过廖平的书才知道经今文学的。一句是，廖平的很多观点，例如他说《春秋》是孔子为后世君主所制定的执政大纲，对我启发很大。我之所以在很短的时间内就写出我的两本大书，也就是《新学伪经考》和《孔子改制考》，廖平功不可没，我感谢廖平。但如果说我是抄袭了廖平，那是对我不公。咱们慢慢往下聊，我相信你就会赞同我的观点。

四　世界：一个大牢狱而已

记者：

您文章无数，著作等身，在您写的书中，您对哪本书最为满意？

康有为：

毫无疑问是《大同书》，你看过吗？

记者：

当然看过，也正因为看过这本书，所以我想问您几个问题。

康有为：

随便问。

记者：

您信仰佛教吗？

康有为：

不信。

记者：

你信仰印度教吗？

康有为：

不信。

记者：

那您对德国哲学家叔本华的哲学感兴趣吗？

康有为：

什么意思？你到底想说什么？

记者：

您不信佛教，不信印度教，对叔本华的哲学也不感兴趣，但你们有一个共同点，惊人的相似！

康有为：

是什么？我还真没考虑这么多。

记者：

你们都认为世界的本源是痛苦，是无止尽的痛苦。

康有为：

倒也是。不管别人怎么说，在我看来，我们所生活的世界简直就是一个非人的世界，是一个血雨腥风的人间“屠宰场”，一个毫无温情可言的人间大牢狱。

记者：

何以如此悲观？这个世界是如此地让您毫不留恋？

康有为：

我们生逢乱世，必然苦不堪言，人生之苦，无穷无尽，不可尽数。就人所面对的苦难大体可以分为如下六大类。第一大类为人生之苦，具体包括投胎之苦、夭折之苦、废疾之苦、荒野之苦、边地之苦、奴婢之苦、妇女之苦。第二大类为天灾之苦，具体包括水旱饥荒之苦、蝗虫之苦、火焚之苦、水灾之苦、火山地震山崩地裂之苦、墙倒屋塌之苦、沉船之苦、汽车碰撞之苦、疫病之苦……

记者：

这么多？

康有为：

别插话，让我说完，还有很多的。第三大类为人道之苦，具体包括鳏寡孤独之苦、疾病无医之苦、贫穷之苦、卑贱之苦。第四大类为人治之苦，具体包括刑狱之苦、苛捐杂税之苦、兵役之苦。第五大类为人情之苦，具体包括愚蠢之苦、仇怨之苦、爱恋之苦、牵累之苦、劳苦之苦、压制之苦。第六大类为人所尊尚之苦，具体包括富人之苦、贵者之苦、老寿之苦、帝王之苦。随便说说，三四十种。

记者：

听您一说，真感到后背直冒寒气。我是一个彻底的乐天派，每天嘻嘻哈哈过日子，也从未觉得生活有多艰难。听您这么一说，还真觉得人生苦若黄连，想想自己还有几十年要过，真觉得心中好不凄凉。叔本华说人生之苦，苦在欲望作祟，佛教也是这么说，印度教也是这么说。那在您看来，人生之苦，源自何处啊？

五　人生之苦，皆因“九界”

康有为：

凡生命皆有欲望，无欲望，就不能称其为生命。因此，说欲望是造成生命之苦的渊源，就等于说生命本身就是生命之苦的渊源，这是同义反复，等于什么也没有说。

记者：

您的看法是？

康有为：

造成人间痛苦的，并非欲望使然，而是存在于人与人之间、国家与国家之间、行业与行业之间、种族与种族之间的各种“界”。

记者：

界？何谓界？

康有为：

是的，有形的，无形的，共九界。国界，此其一，它把人分成不同的疆土、不同的部落。级界，此其二，它把人分成贵贱优劣，分成好人坏人。种界，此其三，它把人分成黄种人、白种人、棕色人种人和黑种人。形界，此其四，它把人分成男女。家界，此其五，它把人分为父子、夫妇和兄弟。业界，此其六，它把人分为农民、工人和商人。乱界，此其七，其形态有不平、不公之法等。类界，此其八，它把宇宙万物分为人、鸟、兽和虫、鱼等等。苦界，此其九，以苦生苦，无穷无尽。

记者：

所以您提出要破除九界，那按照您的设想，我们这个世界不就成了一个没有国家、没有警察、没有阶级、没有压迫，男女平等、没有私有财产、人人安居乐业、自由自在的共产主义社会了吗？

康有为：

当然是，不过在我的理论中，这个社会不叫共产主义社会，也不叫社会主义社会，而叫大同社会。

记者：

一个乌托邦，十足的乌托邦，乌托邦的成分不亚于空想共产主义。

康有为：

你错了，人如无梦，那还叫作人吗？只要你我实实在在地采取行动，去改变这个地狱一般的世界，这个被你说成乌托邦的大同世界就一定会来到。

六　明修栈道，暗度陈仓

记者：

谭嗣同虽然经常嘲笑您的保皇行径，但对您的“大同理论”折服无比。孙中山说您的“大同思想”是中国社会改革的精神支柱。日本学者坂出祥伸在其著作《乌托邦的开花》中说您是一个“求道的思想家”。您毫无疑问是一个伟大的改革家，但我就不明白，您为什么就不能通过您的文章，通过您的著作直来直去阐述您的改革思想，而把那么多宝贵的时间浪费在研究孔子的学说，浪费在对古今典籍的考古究问上？

康有为：

你如果是我，你就能理解我何以要这么做。你不是我，自然就不可能理解我。

记者：

也不一定，我知道，您是拉大旗作虎皮。

康有为：

你的话，话糙理不糙，细想想还就是你说的那个意思。

记者：

不容易，被我蒙对了。

康有为：

我所生活的那个时代与你现在所生活的时代，是不一样的。在我们那个时代，中国成为少数统治者免费的午餐，为了维护自己的利益，统治者不允许任何人对其进行批评。你如果不识相，轻者把你打入牢狱，重者砍你的头。在这种情况下，你要想改革政治，简直就是与虎谋皮。不等你改造国家，国家就会把你先“改造”掉。

记者：

真是万恶的旧社会！

康有为：

中国有句古话，名不正言不顺，你要想让你的观点获得人们的认同，就必须去证明你的言论具有合法性，这种合法性就是必须符合圣人之言。如果你能从发臭的棺材里把古人拖出来为你站台，你就能赢得人们的赞同。统治者也会放你一马，你的很多思想就会得到人们的响应。

记者：

所以您把孔子请出来，在您的笔下，孔子成了伟大的改革家，而您就是孔子改革事业的继承者，所以您提出的改革方案就具有了合法性。真是明修栈道，暗度陈仓！

七　西学为体，中学为用

记者：

您虽然把孔子抬高到“教主”的地位，但仔细琢磨您的思想，我感觉您骨子里是迷信西学，似乎唯有西方的东西才能拯救濒临破产的大清王朝。是不是？

康有为：

任何一个民族都存在着一个以自我为中心的倾向，我们这个民族尤其突出。我们中国人素来都把那些西方的国家看成是蛮夷之邦。在我们的眼中，这些西方的国家，与我们周围的那些野蛮民族，如匈奴，如吐蕃，如契丹，如鲜卑，如琉球一样，他们要什么没什么，他们不远千里到中国来，不是要粮食，就是要点中草药珍珠项链之类的东西。对待这些野蛮之族，听话的可以予以安抚，对那些不听话的就必须予以围剿。这些民族对于我们毫无价值。

记者：

是这样。我们中国确实深深受到狭隘的民族意识的局限。我们的地理位置远离其他文明国家，周围都是一些落后国家，文明水平比我们落后许多。与这些文明一比较，我们中国就显得非常高大上，在这种特殊的地理和文化环境中，我们就很难设想，这个世界上居然还会有其他民族，也拥有发达的文明。出于这种心理，中国人在接触外来文明时，往往倾向于蔑视并千方百计加以抵制。在中国人的心目中，外来的东西都是低级的、庸俗的，因而也是错误不堪的。

康有为：

鸦片战争一声炮响，让我们这些中国人从沉睡中醒来，这些西方民族不仅船坚炮利，在治国理财方面，也远胜于我们中国人。要把国家搞好搞强，就得按照西方人的思路走，否则就是死路一条。与我们中国古老陈旧的政治制度比较起来，西方人走的就是阳关道，因此，要实现中国的强大，就得学人家，不理解就得好好模仿，理解了就得用心学习。人家的东西才是治国安邦必须予以遵循的“体”，这个体就是根本，就是原则，就是阳关道。至于我们自己的那一套，只能是有用的东西就用用，没用的就扔掉。绝对不能作为根本。张之洞说“中学为体，西学为用”，完全说反了，应该是“西学为体，中学为用”。

八　从不后悔！

记者：

问题是，您抬出了老祖宗为您站台，也写了那么多的书进行论证，到后来，您的用意还不是被人发现了，人们还不是攻击您有颠覆满清王朝的狼子野心吗？

康有为：

是这样，我是聪明反被聪明误！

记者：

通过认真研究您的著作，在我的心目中，您绝对是一个最伟大的革命者。好多人虽然意识到改革社会的必要性，但准确地点出唯有诉诸制度变革才能把中国推向前进的还是您。以前我不明白为什么梁启超这么一个了不起的大家，谁他都看不起，却就是老老实实地臣服于您的思想之下，自从看过您的那些著作，我就明白其间的道理了。

康有为：

卓如，也就是你说的梁启超啦，是个革命家，是个宣传家，没有他的妙笔生花，我的那些所谓的思想也不会传播得如此之快。

记者：

但是有一点您似乎远远不及您的学生。

康有为：

哪一点？

记者：

那就是在坚持上，戊戌维新失败以后，您似乎对一切都失去了信心，在您的心目中，中国没有了光绪皇帝，就没有了一切。在很多人看来，算了不说了……

康有为：

别神叨叨的，赶快说吧。

记者：

在很多人看来，您已经不再是那个立志革新、锐意进取的改革家和思想家康有为了，而是一个只知道感恩戴德，动辄就哭哭啼啼的保皇分子了。

康有为：

对这种评价我已经习以为常了，反正舌头是长在人家的嘴巴里，我能有什么办法呢！我只是想告诉你，虽然我有一段时间对中国的前途失去了信心，甚至一度后悔自己出版了那么多著作，给社会带来那么大的震动。但是直到今天我依然相信，中国如果不经历日本明治维新那样的革命，中国就永远没有希望！

附：康有为简传

康有为（1858～1927年），原名祖诒，字广厦，号长素，又号明夷、更甡、西樵山人、游存叟、天游化人，广东省南海县丹灶苏村人，人称康南海，中国政治家、思想家、教育家，光绪廿一年（1895 年）进士，曾与弟子梁启超发起戊戌变法，后事败，出逃。辛亥革命后，康有为于 1913 年回国，定居上海辛家花园，主编《不忍》杂志，他信奉孔子的儒家学说，并致力于将儒家学说改造为可以适应现代社会的国教，曾担任孔教会会长。著作主要有《大同书》《新学伪经考》《孔子改制考》等。

第十一章

革命：自由最危险的敌人

——对话埃德蒙·柏克

引　子

在一般人的语言中，"革命"是一个永远不能被亵渎的名词。任何人如果不想被那些义愤填膺的革命者用唾沫淹死，就只好乖乖闭上自己的嘴巴。但是，我们的主人公——埃德蒙·柏克先生却不买这个账，他公开指责革命是自由最危险的敌人，他攻击法国大革命是暴民的"起义"。对于这些不合时宜的言论，笔者不敢苟同。但是本着学术自由的原则，我们不妨一听。偏听则信，兼听则明，广泛而深入地研究那些与我们不一样的观点，无论是对于理性的学术研究，还是对于建立一个高度理性化的政治社会，都裨益无穷。

一　一本书而已

记者：

政治学界有两个人胆子最大，最敢说话，一个是马基雅维利，一个就是您了。当民主、自由、博爱、人权几乎成为一种普世价值的时候，您竟然对这些东西进行大肆批判。

柏克：

你太夸张了。你说这些东西在你的眼中是什么普世价值，其实完全是一种幻觉，我并不这么认为。柏拉图对此不以为然，亚里士多德不以为然，西塞罗、阿奎那、霍布斯、布丹、胡克、休谟也都不以为然。

记者：

那人们为什么要单单把您说成是"保守主义的鼻祖"呢？

柏克：

你要知道，我不喜欢搞那些玄乎乎的理论，我死后有人给我整理出一部全集，共16卷。洋洋洒洒16卷，绝大多数都是书信、评论、演讲稿、答辩词之类，几乎没有鸿篇巨制的系统理论著作，也没有一套完整的理论体系，在这点上我连你都不如。

记者:

如此谦虚!

柏克:

一点都不是谦虚。他们把这顶帽子加到我的头上，仅仅是因为一本书而已。如果不是我在1790年出版了那本《法国革命论》，“保守主义的鼻祖”或“保守主义的奠基人”帽子打死也落不到我的头上。是那个阿克顿在他的《自由与权力》中，把这顶帽子套到我的头上，而不管我愿不愿意。不过话得说回来，保守主义只不过是拒绝伤筋动骨的革命，希望把种种变革控制在合理的范围内，而不至于给社会和个人带来不必要的骚扰，因此这个名词并无贬义。

记者:

在你们西方，保守主义具有悠久的传统，但其他人都不过是凸显保守主义理论的某一个方面，例如有的人反对暴民政治，有的人强调人性的不完善，因此就不可能建立起人间天堂，有的人强调历史文化的合理性等等。而您将这套理论予以系统化。

柏克:

你说的也是事实。

记者:

这本书让您声名鹊起，风光一时，一些历史资料曝光，说您的《法国革命论》出版后，6个月售出1.6万册，一年内再版11次，让我羡慕不已。我的书一年内出了两版，还都是经纪人刻意策划的结果，到现在还有几千本书堆在那里晒太阳。

柏克:

你的书再有50年就会受到欢迎的。

记者:

您是不是说您的时代对您的思想存在需求?

柏克:

是的。俄罗斯的皇帝叶卡捷琳娜二世对我的书大加赞扬，法国的路易十六亲自将此书翻译成法文，波兰国王为此给我颁发金质奖章，英国的乔治三世要求“每个人都读读它”，有这些人在为这本书摇旗呐喊，能不热销吗？

记者：

听说这本书也让您吃尽苦头，怎么回事？

柏克：

你们中国有句成语，叫“祸兮福之所倚，福兮祸之所伏”，我是辉格党的一名党员，你是知道的。辉格党向来以自由、平等、博爱为座右铭，我的书一出版，他们觉得我侮辱了这个党，是党的叛徒。我为此失去了在党内的领导地位，一些党内同仁也视我为陌路人。你要知道，政治上一旦成为孤家寡人，也就意味着你的政治生命走到尽头。

记者：

不至于如此吧？

柏克：

“成也萧何败也萧何”，人生无常啊！

记者：

那就专心写书吧。

柏克：

我跟你不一样，我对搞理论研究不感兴趣。搞理论、写书是人间最乏味的事情，我喜欢在官场，红红火火，风风光光，多好。

二　评法国大革命

记者：

自由、平等、博爱，是法国大革命带给人类的文化遗产，而在您的笔下，这场革命几乎就是一场恐怖主义运动。

柏克：

是的。法国大革命从任何角度看，都不具有任何进步的意义和价值。一句话概括，法国大革命是一场反文明、反社会而以倒退为取向的恐怖主义运动。

记者：

希望您做具体解释。

柏克：

法国大革命是世界历史上迄今为止发生过的最为惊人的事件。这场最可惊异的恶劣事件，在许多事例中都以最荒谬和最为荒唐的手段，并以最为卑鄙的方式发生。在这场轻率而又残暴的混乱中，一切事物似乎都脱离了自然。各式各样的罪行和各式各样的愚蠢都搅在了一起，它们交替呈现为鄙夷和愤怒，交替呈现为欢笑和眼泪，交替呈现为蔑视和恐惧。法国大革命的基础就是三个原则：弑君、雅各宾主义和无神论，这些原则完全悖逆了欧洲政治的基本原则。

记者：

弑君？难道残暴的君主就应该永远存在下去？

柏克：

法国大革命中人们已经完全失去了理智，在他们眼中，所有的国王都是篡权者，而所有的国王都应该被杀掉，不仅如此，国王的妻子、孩子和那些大臣们都应该统统杀掉。屠杀昔日的君主，成为蛊惑人们造反的最令人亢奋的庆典。

记者：

你们英国不也是把国王杀掉了吗？

柏克：

屠杀以前的政治家在我们英国是偶然的事件，而在法国大革命中则成为一个原则，因此，法国大革命是抢劫者的革命，是杀人头的革命。除了血腥还是血腥。

记者：

雅各宾主义不就是这个意思吗？

柏克：

不是这个意思，在我的书中，雅各宾主义的意思是对个人财产的疯狂掠夺。好多人未经审判，不经起诉，不经听证，就被宣布剥夺了财富。一个依靠辛勤劳动发家致富的人，转瞬间就成为一无所有而遭人侮辱的下等人。简直是岂有此理！更加令人发指的是……

记者：

是什么？

柏克：

那就是对宗教的亵渎。宗教是社会稳定的基石，但是法国大革命却以正式法令的形式废止了基督教，用没收财物等手段迫害基督教徒，并肆无忌惮地摧毁基督教教堂，这种疯狂举动摧毁了人类心灵的最后依靠。

记者：

我是一个穷人的后代，没有经历过财富被政府没收的体验，我不是一个宗教信徒，也没有体验过异教徒的待遇，还真不理解您内心的仇恨。我希望更多地与您交流，在我们这代人的心中，法国大革命除了有一点点血腥之外，似乎是完美无缺的化身。

柏克：

被谬误浸染的一代人。

三　关于天赋人权

记者：

很显然，法国启蒙思想家鼓吹的所谓天赋人权理论就是法国大革命的精神渊源，卢梭提出的人民主权理论则为建立所谓的人民政府提供了合法性的来源。

柏克：

人权从来就不是什么天赋的，而是自过去、自然和从历史中长成的。离开历史传统和法律的设置，就不存在什么抽象的人权。至于说人民有权力建立所谓的人民政府，也是很荒唐的，任何政府权力的合法性必须与德性相联系。只有那些符合道德的权力才具有存在的价值，否则依据简单民众的认可就建立所谓的人民政府，同样是荒唐的。民众的智慧大多低下而粗俗，立足这些人的主观认可而建立起来的政府，不仅违背道德，而且也不可能做出什么有益于国家和民众自身的事情来。

四　关于平等

记者：

人们听说您在1791年写了《致国民议会一位成员的信》，对卢梭进行口诛笔伐，您为什么对卢梭那么仇恨？

柏克：

卢梭的思想是法国大革命的指导思想，法国国民议会把卢梭树为革命的楷模，这很荒唐，也很可笑。

记者：

继续讲。

柏克：

卢梭在道德上是个不折不扣的小人，他与女佣非法同居，生了5个孩子，统统扔给育婴堂，丝毫也不考虑孩子的死活。他扔掉孩子犹如扔掉垃圾一样随便。这种人连狗熊都不如，竟然被树立为道德圣人，真是令人作呕。

记者：

卢梭不是写了《忏悔录》吗？人家已经在这本书中对这段不愉快的经历表示了忏悔。

柏克：

那能说明什么问题呢？他写这本书无非是为了减缓他的罪恶感。但这丝毫也改变不了他作为道德小人的嘴脸。我以前说过他是个道德家，其实我说错了，他不是一个道德家，他什么都不是，此人极端虚荣，性情紊乱、怪异，绝对不是一个正常人。

附：埃德蒙·柏克简传

埃德蒙·柏克（1729～1797年），英国著名的思想家和政治家。他于

1729 年 1 月出生于爱尔兰的首府都柏林，父亲是新教徒，母亲则是天主教徒。柏克思想的核心实际上包括两个方面：第一，强调经验即人类理性的对立物，避免蹈入形而上学；第二，强调传统即上帝意志的中介物，避免蹈入怀疑主义。因此，保守主义的本质也包括这两个方面：既破除理性的权威、保护个人自由，又树立上帝的权威，维持社会秩序。在整场法国大革命中，柏克成为英国最早而又最突出的法国大革命的批判者，他认为大革命已经演变为一场颠覆传统和正当权威的暴力叛乱，而非追求宪法民主的改革运动，他批评大革命是企图切断复杂的人类社会关系的实验，也因此沦为一场大灾难。著作主要有《法国革命论》《对于国家现状的看法》等。

第十二章

精神再造与国家机会

——对话马克斯·韦伯

引　子

马克斯·韦伯辞别世界之时，无论是在学术领域，还是在其他领域，他都是默默无闻的，没有几个人知道他。逝世44年后，马克斯·韦伯被学术界公认为社会学领域理所当然的“经典作家”。人们把“精神贵族”“思想天才”和“巨人”这些称号置于韦伯的名下。把韦伯的著作介绍到英语世界并引爆全球范围内“韦伯热”的美国著名社会学家帕森斯，说韦伯是“现代工业秩序的诊断学家”，说韦伯“一直是最可能替代各种马克思主义的理论的主要缔造者”。韦伯在题为《学术作为一种职业》的演讲中告诉那些以学术为职业的人：在学术工作上，每一次“完满”，意思就是新“问题”的提出；学术工作要求被“超越”，它要求过时。任何有志献身于学术工作的人，都必须接受这个事实。韦伯说，将来总有一天，我们都会被别人超越，这不仅是我们共同的命运，更是我们共同的目标。

一　“牛头”与“马尾”

记者：

这是与您第二次见面了。在2014年出版的《跨越时空的对话》中，我已就第一次对话做了报道。

韦伯：

那篇报道我早就看过，好多问题我谈得都比较平淡，当然，你问的一些问题水平也是一般化。

记者：

上次是从您的著作《新教伦理与资本主义精神》谈起，今天说您的另一本书吧，与我们中国有关系的。我们中国人比较实际，事不关己，高高挂起，如果能结合中国的历史和现实，点击率会很高的。您的《儒教与道教》应该就是写中国的，应该是一个不错的点。

韦伯：

随便吧。

记者：

很多东方学者很看重您的这本《儒教与道教》，其实在我看来，您的这本书存在着诸多致命的缺陷。

韦伯：

请明示。

记者：

其一，中国的儒家学说都不过是一些伦理和政治信条而已，也就是一些任何人一听都能理解的道德说教而已，儒家学说中既没有来世与拯救的内容，也没有关于宗教礼仪上的一些规定，因此算不上宗教。其二，中国的真正宗教是道教，而在您看来道教不过就是一些低级的迷信巫术而已。其三，既然您把儒家学说和道教作为书的主题，那您就应该好好研究，不应该瞎对付。《儒教与道教》简直不像一本正规的著作，好像就是您几篇论文的临时性汇编而已。再说了，我是一个中国人，看您写的关于中国的书，觉得您谈的都不是中国的事情，好像是古巴比伦或者上下尼罗河一带的事情。

韦伯：

第一点、第二点是公说公有理婆说婆有理的事情，至于第三点我就得跟你好好理论理论了。请你把你的观点理顺一下再说一遍。

记者：

就第三点来说，我的意见可以细分为两条：第一条就是您的书的立论基础有问题。第二条……

韦伯：

先说第一条，立论基础有什么问题？

记者：

是的。学术研究的立论基础就是资料，您对中国问题的分析所赖以立论的资料大多十分陈旧，古老而原始，与中国的实际情况差距很大。我不知道您的那些资料是从哪里搞到的。如果有机会修改的话，建议您学习意大利人马可·波罗，学习英国人李约瑟，弄点新资料，最好到中国看看。搞学问，就如盖大楼一般，基础不牢，地动山摇。这种危害，我想您比我更清楚。

韦伯：

你这个建议毫无疑问是对的。第二点呢？

记者：

您的书书名是《儒教与道教》，根据这个书名，毫无疑问，您的书应该是以研究儒教和道教为中心。

韦伯：

是啊。

记者：

而实际上并非如此。您的书总共 8 章，最后一章也就是第八章属于总结性的不算，第一章您是研究“城市、君侯与神”，第二章您是研究“封建俸禄制国家”，第三章您是研究“行政管理与农业制度”，第四您你是研究“自治、法律与资本主义”，第五章您是研究“士等级”。您再看看，您专题研究佛教的第六章前后不过 34 页，专题研究道教的第七章前后不过 48 页。两个部分加起来不过 82 页。

韦伯：

你琢磨得确实很细致，第五章里好多内容就与儒教联系在一起了，不过稍微委婉了一些。

记者：

即便如此，我也敢说，您这本书的中心并不在于儒教，也不在道教，所以我说您这本书是牛头不对马尾。

韦伯：

说得好难听。

记者：

依我之见，您这本书是以研究中国的社会结构为核心，顺带着把中国的宗教问题研究一下。如果把您的书名改为《中国社会与宗教》或许更为贴切。

韦伯：

啊！其实仔细考虑一下，也不能说你说的不对。严格说来，这本书应该属于宗教社会学方面的著作。我不是宗教学家，我是社会学家。因此，我总是喜欢从社会学的角度去研究宗教问题，去研究经济问题。

记者：

您要是这么说，我就知道您为什么让对中国社会结构的分析部分在您这本书中占据那么大的比重的真正原因了。

二　不成熟的总结

记者：

我看过您的《儒教与道教》《印度的宗教：印度教与佛教》《学术与政治》和《新教伦理与资本主义精神》，还有其他一些研究您的文献，如《韦伯学说》等。

韦伯：

你的内弟说你这个人就是一个十足的“书痴”，我看就是如此。你再继续坚持几年，你看过的书就会赶上我了。

记者：

我肯定会超过您的，你仅仅活了56岁，而我根据规划至少能活到75岁，也就是说我的可支配时间比您要多20年。因此我相信我能够赶上您。

韦伯：

其实你比我厉害，我在你这个年龄，也就是49、50岁这个节点的时候，国内没有几个人知道我，而你就不一样了。打开互联网，呼拉拉一片都是关于你的书、你的思想的介绍和评论。我直到离开世界以后四五十年才被人认识。想想还是很羡慕你的。叔本华、尼采都跟我说过，他们也很羡慕你。当然，是时代成就了你，让你能够以光速一样的速度传递你的思想，也让你能够以光速一样的速度进行学术资料的收集和整理。

记者：

请代我跟叔本华、尼采问好，我真想知道叔本华手头的那枚硬币何时能不再颠来颠去。不要说是酒店的服务员，就是我，头脑中一浮现他颠硬币的架势，我的头都晕。我也想知道尼采是不是还在仇恨他的妹妹，请让尼采以一颗感恩的心来对待他的妹妹。没有他的妹妹，他早就被扔进地中海喂鱼了。

韦伯：

尼采那个病态的灵魂，我每次见到他，他都会对他的妹妹破口大骂。我也劝他说如果没有他的妹妹，他早就掉进地中海喂鱼，可他嘴很硬，竟然说他宁愿掉进地中海喂鱼也不愿意成为他妹妹的奴仆和赚钱工具。他还说如果有哪一条鱼吃了他，也会写出和他的著作一样伟大的著作。

记者：

哈哈。这些话题很有趣，不过扯远了。不管怎么说，我真的相信您是一位社会学家，您对任何问题的考察研究都是从社会学的角度出发来进行的。通过看您的《儒教与道教》，我似乎得出两个结论：其一，中国的社会结构与资本主义的发展是不相容的，最起码二者不是相互促进的关系；其二，中国的文化难以为现代资本主义发展提供所需要的伦理支持。古板的制度约束，与僵化的文化约束，犹如两个死死的紧箍咒，把中国资本主义锁死在襁褓之中。

韦伯：

建议你不要匆忙下结论，你我一点点地往下分析，或许更好。

记者：

您的书很难懂，不过比黑格尔和康德的书还是好看很多，我建议您把您研究的逻辑顺序先说一说。

韦伯：

也行，我的书的上半部分是研究中国的社会结构，我对中国社会结构的研究是按照这样的顺序进行的，即我是把研究中国古代的货币制度改革作为开篇，相继研究了中国社会中税收制度与官僚制度的关系，最后触及中国独特的儒家文化。

记者：

社会学方面的著作我也看过一些，像您这样的研究范式还真是不多见。您的同胞——卡尔·马克思研究资本主义社会是从研究商品作为起点，而您研究中国社会则是从研究中国的货币制度入手，这中间有什么不同吗？

韦伯：

我没有看过马克思的书，听说他的《资本论》写得很精彩。既然没有看过他的书，我自然就没有办法去对他的学术研究模式进行评论。但就一般性的理论分析来看，二者似乎并没有多大的不同。

记者：

说。

韦伯：

商品是一种具有使用价值和交换价值的产品，商品是资本主义社会的最基本的细胞，作为一个经济学家，马克思选择商品作为其研究的出发点，从其逻辑关系上无疑有一定的道理。货币是商品经济发展到一定阶段的产物，可以说货币就是商品，就是一种可以充当普通等价物的商品，这种特殊商品的出现，一方面反映着商品经济发展的水平，另一方面也在一定程度上促进着商品经济的发展。离开稳定健康的货币制度，就不可能有高度发达的资本主义经济。通过对中国历时数千年的货币制度改革的研究，我发现中国至今也没有建立起一套符合现代资本主义要求的货币制度。货币制度是社会制度的一个缩影，仅仅从这个缩影中我们就可以看出中国古老的社会传统是在多大程度上影响着中国资本主义的萌芽和发展。

记者：

您这些话似乎是经济学方面的总结，有点原则、抽象。简化一下，你就是想告诉我们，中国的货币制度是中国社会制度的一个投影，从古至今，中国的货币制度都极其原始落后，不是促进，而是大大阻碍着中国资本主义的发展。是不是这个意思？

三　登峰造极的“传统”

韦伯：

可以这么说。不过，从阻碍、牵制中国资本主义发展来看，来自社会结构方面的传统力量是全方位的，而不是哪一个个别点的问题。

记者：

全方位？希望您详细解释一下。

韦伯：

完全可以。中国社会中阻碍资本主义发展的不利因素至少包括，但不限于这样几大因素：其一，由秦始皇所创造出来的中央集权制度不利于资本主义的发展……

记者：

原因？

韦伯：

中国的社会结构是一种超稳定结构，位于结构顶端的是高高在上的皇帝，在这种集权体制下，官僚集团的每个人都根据各自权力层次的高低控制着不同层次的资源，这种支配权力非常强大，几乎就是绝对的权力。可以说，中国的官僚阶层就是一个十足的利益集团，是一个不折不扣的利益共同体。这种强调上下服从的官僚机构必然对以平等交换为宗旨的商品经济构成负面的牵制。

记者：

在我们中国，“溥天之下，莫非王土；率土之滨，莫非王臣”，您说的事实一点不假。其二呢？

韦伯：

先天不足的城市。

记者：

什么意思？

韦伯：

中国的城市在功能上主要是你们中国帝国的行政中心，既没有政治意义上的自主权，也无军事上的自主权，自然也更没有商业意义上的自主权了。在你们中国古老的城市中，尤其是难以出现类如西方的市民中产阶级。在你们中国，城市一直是那些“外乡人”的落脚之地，因此，无论是在法律关系或市场交换上都难以得到特别的保障。

记者：

您把中国的城市定义为“外乡人”的落脚之地，听起来有点别别扭扭的，中国的历史与现实似乎不是那么回事。先不与您争辩，其三是什么？

韦伯：

第三个因素是，你们中国是一个宗法社会，家庭是你们国家最核心的细胞。在这些家庭中，迷信权力，为了谋取功名利禄，不惜花光所有的家庭资产。在你们中国，最庞大的资产不是被用于扩大再生产，而是被用于科举考试和求官之中。你们不是指望通过投资来收回回报，而指望通过培养出大大小小的官吏来获得回报。一句话，在你们中国，投资于科举，被公认为是一项最大、最好的投资事业。而无论是用于购买土地，还是用于倒卖粮食，或者是被用于倒卖军火，所能获得的都不过是蝇头小利而已。

记者：

您对我们中国的了解还真是很深入啊。第四个因素应该是人口吧？

韦伯：

没错。中国人口的增加在全世界都是数一数二的，而增加的人口主要是农业人口。农业经营极端分散，一家一户，自给自足。在这种情况下，私人企业和商业流通几乎成为不可能。

记者：

总之，在您的笔下，中国的社会结构，尤其是在物质制度层面，都是一塌糊涂，只要这种结构存在，就不可能有资本主义的健康发展。中国人为什么就这么背运呢？

韦伯：

你们中国比印度、埃及和巴比伦这些国家强多了，如果说中国是一个城市之邦的话，那么这些国家就是一个十足的“村落之邦”，埃及、巴比伦就更不行了。

记者：

真不容易。

韦伯：

无论是在你们中国，还是在印度、巴比伦和埃及，都孕育不出发展资本主义所必须的产权组织，而产权组织是商品经济的细胞，细胞没有了，哪来什么现代的资本主义经济。因此，如果对你们的社会结构不作革命性的再造，就不可能刺激现代资本主义的发展。也就是说，没有彻底的社会革命，就不可能有持续性的经济发展和社会进化。

四　“俗人道德”

记者：

按照您的分析，中国的社会结构显然很难培养出资本主义的幼芽，那是不是说，中国人只要完善这种社会结构，就可以与你们西方人一样呢？

韦伯：

从理论上似乎是这样，但是我要告诉你，制度调整很容易，但制度背后的文化伦理是不容易改造的。我听说过一个关于你们中国人的故事，说你们清朝有一位皇帝，是光绪吧，据说有一段时间，他天天颁布诏书，今天废除科举，明天引入欧洲的教育制度，后天则决定设立议院，100 多天的时间里，几乎你们国家的所有制度都被废除了，但结果如何呢？菜市口几个人头一落地，一切又回到了从前。制度好改，文化不好变。

记者：

文化？

韦伯：

在看似破破烂烂的制度的背后，是一种俗不可耐的文化在起作用。低层次的社会制度一旦与低层次的文化结合到一起，这个社会要想有什么发展，那简直是天方夜谭。

记者：

什么意思？您是不是说中国的儒家文化？

韦伯：

正是，不过你们的道家文化甚至还不如儒家文化呢。

记者：

儒家文化是我们中国人的国粹，唯有在儒家文化中，我们才能找到自己的精神归宿。

韦伯：

学术就是学术，不能情绪化、非理性化。

记者：

那在您理性的眼中，儒家文化到底如何呢？

韦伯：

你也不要故意装糊涂，你的《中国之路》似乎对儒家文化研究得很透彻，好多观点我是认同的。

记者：

请不要转移话题，谈您的看法如何？我真的想知道在您的心目中，中国的儒家学说到底是一种什么样的东西？

韦伯：

我对儒家文化的第一个印象就是，儒家文化对你们中国人的影响是全方位的，是至高无上的。

记者：

如何解释？

韦伯：

其一，你们中国的统治阶层是以皇权为核心、以士大夫为主体所构成的一套权力体系，至于那些皇帝们是不是真的相信儒家学说不说，对那些士大夫阶层来说，儒家学说确实是主宰了他们的灵魂。这些人就是靠死记硬背这些之乎者也的孔孟学说挤入官僚阶层的。儒家文化对你们中国社会的影响就是通过对这些士大夫耳濡目染而形成。当然，对于你们那些绝大多数的平头百姓来说，谁都希望成为这个官僚体系的一个分子。对权力的膜拜，对官员的臣服是一种最根深蒂固的顽症。我看了你们中国的好多资料，似乎今天你们中国人也是如此。我想你也不例外。听说你也是靠死记硬背一些东西挤入中国的官僚体系里面去的。是不是？

记者：

不要转移话题。

韦伯：

在你们中国人的心目中，孔子就是一个“圣人”，儒家学说就是你们国家的意识形态，是一种由政府动用国家权力予以维护的意识形态。在这种意识形态下，人人都是没有脑袋的木偶。

记者：

请不要再往下说了。你们德国也好不到哪里去。黑格尔那么伟大的一个学者，被你们的政府也整得成了一个只会呼政府万岁的书呆子了。您之所以敢于在你们大学的讲台上信口雌黄，还不是因为您只会说你们国家的一切是好的吗？

韦伯：

不要转换话题。我接着说其二吧。

记者：

您这人不敲打一下，也不知道什么是好什么是不好。说其二吧。

韦伯：

其二就是，你们中国的那些儒生们，以追求君子人格的完善为最高的人生理想，君子的最高伦理境界就是“仁”，“中庸”在你们的社会伦理体系中属于最高层次的“仁”。儒家文化熏陶出来的高雅君子，是集仁、信、智与直于一身的人。每一个儒生都把履行宗法伦理中的种种义务作为最高的使命。

记者：

中国的儒生们确实是把“仁义道德”作为自己的座右铭，而不屑于干赚钱牟利的事情。

韦伯：

其三是，儒家文化是一种讲究秩序的理性主义文化，这种文化的理性化就是追求宗族纽带关系的不断加强。而随着这种宗族纽带关系的不断加强，中国的社会运行越来越建立在个人关系的基础之上，在这种以个人关系为基础的社会里，一切都发生了蜕变。没有个人关系，什么事情都办不成；而有了特殊的个人关系，什么乱七八糟的事情都好办。在你们中国社会里，人与人之间谈不上有什么信任关系，唯有在亲戚和朋友的圈子里，才有彼此的信任。在政府机关里也是如此，你遇到任何事情，只要有合适的个人关系，就很容易解决。反之，即便是很小的事情，如果没有必要的个人资源，也是很难办成的。这样一来，建立在信用基础上的商业往来就难以形成。尤其是在这种信用个人化的国度里，也就没有了专业性人才的天地。这些人即使再有水平，也无法打入各种各样的小圈圈。

记者：

您说的似乎是这么回事，直到今天这种情况也没有多少改变。

韦伯：

其四，儒家文化伦理的中心是家庭人伦。在你们中国，家庭关系占有极其重要的位置，在这种情况下，家庭关系几乎吞没了所有的职业团体。要形成成熟的行业组织也几乎是不可能的。

记者：

还有吗？能否做个总结？

韦伯：

我看你也有点不耐烦了。那我就不说了，作个总结吧。一点意见是，中国的士大夫阶层无疑是你们中国的统治阶层，他们所代表的伦理体系是儒家文化，也就是我说的儒教。而儒教严格来说是一种低层次的道德说教。

记者：

低层次的道德说教？

韦伯：

是的，说句不客气的话，儒家学说简直就纯粹是俗世内部的一种俗人道德，就是为受过教育因而也有可能进入官场的人确立某种政治准则和社会礼仪的一部松散的法律法规汇编而已。

记者：

太难听了。还有什么意见？

韦伯：

另一点意见是，在儒家的文化氛围之下，“逐位不逐利”成为常态。

记者：

什么意思？

韦伯：

在那些追求所谓人格完善的儒生的眼中，唯有通过科举考试获取高官厚禄才是自我修行的最好路径，也是唯一的手段。而通过诉诸高风险的获取财富行为，则对完善人格毫无益处。这就是你们儒教文化的经济伦理，与我研究的基督教新教伦理完全不同。

五　作为“异端”的道教

记者：

你们西方的李约瑟把中国的道教视为科学发展的源泉，而在您的书中，对道教似乎是嗤之以鼻。

韦伯：

我不知道李约瑟是如何研究你们的道教的，我掌握的情况是这样的：在你们中国，道教作为一种异端，一直受到儒教的排斥和打击。在士大夫阶层发起的一次次打击敌对势力的运动中，道教的信徒们站到了反对派的一边。到了你们汉朝政权走向衰败的时候，他们组织了一个严密的组织，这个组织具有严密的管理结构和严格的纪律，并长期与政治当局进行卓有成效的抗衡……

记者：

你们当时欧洲的汉学家都是这么看的，实际情况并非如此。接着说吧。

韦伯：

根据我的研究，你们的道教是一种绝对反理性的、非常低下的巫术，是一大堆巫术、长生术、治疗术和消灾术的大杂烩。虽然这种宗教与儒家的文化存在很大的不同，但是道教毕竟是个巫师的组织，在社会上从未形成一种独立的力量。从道德伦理上看，道教与儒家文化是半斤八两，彼此彼此。因此，这种宗教文化同样不可能对你们中国的资本主义发展起到任何促进作用。

六　新教伦理与儒教

记者：

我多次研究您的《新教伦理与资本主义精神》，觉得您的观点非常直截了当。

韦伯：

你的感觉没有什么错，通过对全世界各个地区宗教的研究，我发现唯有基督教新教所蕴含的价值伦理最适合于资本主义的发展。

记者：

请具体说一下。

韦伯：

基督教，是信仰人类有原罪，相信耶稣为神子并被钉上十字架从而洗清人类原罪、拯救人类的一神论宗教。最早期的基督教只有一个教会，但在基督教的发展进程中却分化为许多派别，主要有天主教（中文也可译为公教、罗马公教）、东正教、新教（中文又常称为基督教）三大派别，以及其他一些影响较小的派别。也就是说新教是基督教的一个派别而已。新教是由16世纪宗教改革运动中脱离罗马天主教会的教会和基督徒形成的一系列新宗派的统称，简称新教，或译为更正教、反对教，也经常被直接称为基督教，是与天主教、东正教并列为广义上的基督教的三大派别之一。这下明白了吧？

记者：

差不多了。那新教伦理又是什么？

韦伯：

新教伦理是我提出的理论。“天职”观念，即某种由上帝安排的任务，成为新教的核心内容。他抛弃了原来天主教那种禁欲主义的修行而超越尘世的空洞劝解和训令，而把个人在尘世中完成所赋予他的义务当做一种至高无上的天职。归纳起来，我提出的新教伦理包括如下内容：（1）人类是为了信仰上帝而存在的，而《圣经》则是上帝意旨的唯一表述；（2）上帝已经决定了哪些人将得到拯救，哪些人不能；（3）那些被选中得救的人，不能自以为是理所当然得到拯救，因此，所有虔诚的清教徒都要通过艰难困苦来拯救自己的灵魂，清教徒获得拯救的唯一途径就是要通过辛勤的劳动和自律。

七 欧洲的“文化大革命”

记者：

按照您的理论，欧洲之所以拥有现代的资本主义，之所以拥有现代的科学事业，一切全在其拥有的基督教。似乎没有基督教，欧洲就不可能有今天，自然也就不可能有什么未来。

韦伯：

你说的没错，没有基督教就没有欧洲的未来。

记者：

顺着您的观点往下说，像我们中国这些东方国家，如果不能实行自身的基督教化，就不可能有未来？顺便说一下，在20世纪初，中国确有一些学者，如胡适等人，还真的提出过中国要基督教化的问题。

韦伯：

我的理论并不必然推导出你的推论。如果你们这些东方国家能够在你们的文化中嵌入与新教伦理一样的文化理念，自然就满足了你们国家的资本主义化的内在需要。因此，无需基督教化，同样也有未来。我也想告诉你……

记者：

什么？

韦伯：

就是：我们欧洲本来也不是基督教化的国家，我们的人民原来所信奉的宗教与基督教一神教完全不同，我们信奉多神教。基督教来源于犹太教，而无论是犹太教还是基督教都不是欧洲的本土宗教。我们欧洲人一开始对基督教是相当排斥的，很多来欧洲传播基督教的信徒都遭到我们先辈的屠杀。

记者：

什么原因呢？

韦伯：

这是个大问题了，别的什么都不谈，只谈这一个问题，也不知要谈多长时间。

记者：

简单点。

韦伯：

可以。大概说来，我们欧洲人信奉多神教，对其他宗教比较宽容，我们尊敬人间的统治者，不容许人们对人间的那些国王君主说三道四。而基督教就不同了，基督教把我们欧洲的本土宗教斥为偶像崇拜，尤其是基督教宣扬什么人人平等，藐视人间的领导人，煽动民众反抗他们的统治者。因此，无论是我们的普通民众，还是我们的政治家们，都一致认为容忍基督教就无异于自杀，因此大家都主张对基督教采取打压，无数的基督教传播者被处死就是结果。现在想想那段历史，还是让人不寒而栗的。

记者：

我看过英国人肯·康诺利写的《圣经是怎样写成的?》，对你们欧洲人残杀基督徒的历史确有了解，甚是血腥啊。后来呢?

韦伯：

当然，后来我们来了个一百八十度大转弯，我们不仅允许基督教徒传播基督教，我们好多国家的领导人也都成为基督教徒，基督教逐步告别了“异端”的角色和地位，甚至登堂入室一跃而成为了罗马帝国的国教。相反，我们欧洲的一些本土宗教则遭到凶猛的围追堵截，最终遭到致命性的毁灭。作为一个欧洲人，我为我们欧洲人感到自豪。为了欧洲的复兴，我们几乎摧毁了自己的本土信仰，活活地把一个外来的文化体系塞进了我们的脑壳。今天，在外人的眼中，基督教似乎就是欧洲的基督教，欧洲似乎就是基督教的欧洲。那你们东方人为什么就不能呢?

记者：

东方是东方，西方是西方。

韦伯：

我最后再说一句话，对于任何一个国家、一个民族来说，如果清楚地知道自己的文化体系已经成为阻碍其进化的障碍，却不敢或者不愿意采取任何革命性的行动，那就等于是自杀。没有彻底的文化革命，就不可能有彻底的社会革命，自然就不可能有真正的未来。在这方面，欧洲是成功的，你们亚洲的日本也是成功的。你们中国需要近学日本，远学欧洲。

八　十月革命的不良归宿

记者：

很多学者对十月革命颇有微词，而您似乎很看好这场革命。

韦伯：

俄罗斯革命爆发以后，一开始我也是持欢迎态度的，我相信，经过这场摧枯拉朽的革命，俄罗斯会在自由主义的道路上大踏步地前进，为了研究俄罗斯革命，我恶补了三个月的俄语。

记者：

您还真用心。

韦伯：

但是我对俄国革命研究越深入，结论越是让我失望。列宁、斯大林搞的那一套不可能把俄罗斯引入自由主义的轨道，相反，俄罗斯会越来越官僚化。当然，这并不影响我一如既往地关心俄罗斯的一切。那个民族毕竟是一个拥有深厚文化底蕴的民族，我很向往。俄罗斯的政治很丑陋，但它的文化却是美不胜收。

九　我不是希特勒的理论家

记者：

1895 年 5 月，好像是您在弗赖堡大学任政治经济学教授时，您发表了一篇演讲，题目是《民族国家与经济政策》，在这篇演讲中，您对德国奉行的帝国主义政策公开表示支持。

韦伯：

有这事，那是一篇就职演说，在那篇演说中，我还提出德国可以考虑采用大不列颠帝国的政治模式。

记者：

您是一个虔诚的学者，为什么对战争与暴力那么执着，对德国奉行的帝国主义政策，您就是那么欣赏？好多人甚至说，您的那套理论，简直就是第三帝国和希特勒政权的理论纲领，您应该为希特勒政权的崛起负一定的责任。

韦伯：

……

记者：

不知您知道不知道，就因为您对帝国主义政策的支持，1920年6月17日，在您的葬礼上，地点是在慕尼黑东郊墓地，只有可怜的几个人参加。除了家人、学生、同事，别的人没有一个。更让人痛心的是，您尸骨未寒，就有人到您家里闹事，谩骂你，侮辱你。

韦伯：

这是我心中的一个痛，我也是直到最后才看到那个政权的邪恶本性。人非圣贤孰能无过啊，我希望得到世人的理解和谅解。尼采、柏格森、海德格尔都背负着同样的恶名，我想他们会与我拥有同样的感受的。不谈了吧！

记者：

理解。

附：马克斯·韦伯简传

马克斯·韦伯（1864～1920年），德国的政治经济学家和社会学家，他被公认是现代社会学和公共行政学最重要的创始人之一。韦伯最初在柏林洪堡大学开始教职生涯，并陆续于维也纳大学、慕尼黑大学等大学任教。他对当时德国的政界影响极大，曾前往凡尔赛会议代表德国谈判，并且参与了魏玛共和国宪法（即魏玛宪法）的起草设计。韦伯的主要著作有《新教伦理与资本主义精神》《中国的宗教：儒教与道教》《印度的宗教：印度教与佛教的社会学》《古犹太教》《学术作为一种职业》等。

第十三章

让商品市场和思想市场更自由

——对话罗纳德·科斯

引 子

科斯是一位著名的经济学家，他因对产权问题的精深研究而获得诺贝尔奖。在西方现代经济学家中，无论就其理论对中国的经济体制改革影响的深度，还是就其影响的持久性，任何人都无法与科斯相比。在社会运行日益一体化的今天，政治就是经济，经济就是政治。科斯作为一位经济学家，他对政治问题的关注丝毫不亚于任何一位政治学家。在科斯看来，无论是就经济生活，还是就政治和社会的全面进化，过多的管制无疑是弊大于利。因此他主张：要多一些自由，少一些管制，唯有如此，社会与国家的进化才会可持续，才会越来越理性化。

一 《马可·波罗游记》

记者：

您是一个典型的英国绅士，一举一动都合乎正统礼仪，深居简出，绝少与一般人见面，但是，在1980年12月底特律的一次会议上，您却放下身段，主动邀请华裔经济学家张五常到咖啡厅聊天，我也知道张五常并不是您的学生，也不是你的朋友。这是为什么？难道太阳真的会从西边出来吗？

科斯：

有这事。张五常用汉语出版了不少著作，里面的记载是很客观的。你看看就明白了。

记者：

难得碰到您，您还是亲口说说吧。

科斯：

说实话，我自己也不知道我为什么会对你们中国有那么大的兴趣。在我做学生的时候，我读过一本书。

记者：

什么书？

科斯：

意大利威尼斯人马可·波罗写的《马可·波罗游记》。马可·波罗在你们中国的元朝还当过不大不小的官，他的书对你们中国的描写让我很着迷。从此以后我就非常关心你们中国。

记者：

您找张五常不会是谈《马可·波罗游记》吧？

科斯：

当然不是。

记者：

那您要与他说什么？

科斯：

我约见张五常，一个原因是张五常的学术研究重点与我很靠近，我是研究产权理论和交易成本理论的，张五常也是如此，在所有经济学家中，我们两个人的观点最接近。因此，我对张五常很早就关注了。一直想找他好好聊聊。

记者：

恐怕这不是唯一的原因吧？如果仅仅是学术上的事情，完全可以不必到咖啡厅这样相对私密的场所吧？

科斯：

也倒是。还有一个更重要的原因，我想给他提一个具体的建议，我想建议他不要在美国呆着，最好回到香港去。这种交流是不可能在公开场所说的。

记者：

张五常是个天才，他当时搞的好多研究也是风生水起，红红火火的。您要他回香港干什么？

科斯：

通过各种渠道，我观察到你们中国将要发生变化，发生巨大的变化，邓小平要把你们中国变成一个正常的国家，我看邓小平的安排几乎是难以逆转的。

记者：

这与您建议张五常回香港有什么关系呢？

科斯：

改革必须要有改革的理论和方案，在我看来，中国的改革必须从产权界定着手，必须从建立产权关系明晰的企业机构入手，其他的方案都是不可行的。我建议张五常回香港，去研究中国的改革，去解释我们的产权制度理论。这些理论张五常已经研究得很透彻了，需要的就是向你们中国的决策层做出解释，要让他们接受这些理论。中国的高层一接受我们的理论就好办了。

记者：

你们真是心有灵犀一点通啊。

科斯：

一年后，张五常就回到香港，张五常的解释很轻松，他说他从小出生在香港，喜欢香港的大海，所以内心也想回到香港，不管什么原因，总之他是回到了香港，没有张五常，我的理论就不会在你们中国产生那么大的影响。我的助手王林先生告诉我，中国的经济学家们多次举行大型研讨会，研究宣传我的理论，庆贺我的百岁生日。王林还说，在你们中国，除了马克思以外，我的影响最大。当然，有这么大的收获，与我的营销也有关系。

记者：

怎么解释？

科斯：

我用我的诺贝尔奖金，当然是一部分了，赞助了好几次大型国际研讨会，研究中国的经济体制改革，研究中国的工业生产结构理论，自然也就让我的理论影响扩大了。

二　科斯定律

记者：

正如您说的那样，全世界经济学家中，您在中国的影响最大，如今经济学界的一些人把您的理论称为“科斯定律”，好多学者把您的理论比作物理学中的“牛顿定律”。

科斯：

马克思影响更大。

记者：

当然，马克思影响比您大，那与政治有关，马克思主义是当代中国的意识形态，情况比较特殊，不可比。

科斯：

应该是这样。

记者：

经济学界普遍把您的理论归纳为三大定律，我的经济学基础比较差，请您用最通俗、最简单的语言概括一下。

科斯：

我在 1960 年发表的《社会成本问题》中，确实是系统化地提出了我的理论，一些学者将我的理论总结为三个定律，我看基本准确。

记者：

哪三个定律?

科斯：

第一定律是：“不建立初始的权利界定，就不可能有交换和重组这些权利的市场交易。”这就是所谓的“科斯第一定律”。

记者：

第二定律是?

科斯：

第二定律是：“但是倘使定价机制的运行毫无成本，（最大化产值的）最终结果就并不依赖于（初始的）法律立场。”这就是所谓的“科斯第二定律”。

记者：

有点拗口，快要听不懂了。

科斯：

其实也很简单，这句话是个虚拟语气，所谓虚拟也就是在我们这个世界中是不可能存在的。你应该知道，天下没有哪一个定价机制是没有成本的，正因为有成本，所以才需要产权界定。所谓法律立场，无非就是说国家是以法律的形式来界定产权关系的。把第二定律与第一定律联系起来理解，一言以蔽之，就是以法律的形式界定产权，是降低经济运行成本的最好方法。

记者：

经过您这么一解释，倒有点明白了。那第三定律是什么？

科斯：

第三定律是："同时，当市场交易成本高昂以致难以改变法律建立的权利安排时……即使可以通过市场交易改变法律界权，减少这类交易的必要，从而减少交易过程中的资源使用，也依然明显可欲。"这就是所谓的"科斯第三定律"。

记者：

真是费解！

科斯：

其实还是很简单。

记者：

简单？

科斯：

这第三定律是说，即便通过法律界定的形式建立起来的产权交易制度成本再高，也比政府管制一类的手段要好。这个定律不过是对前两个定律的强调而已。

记者：

我看您的意思无非是说：私有产权界定是经济运行的前提，法律的介入是终结性的保障，在任何情况下，也不能从商品的自由交易上退步。概括为三句话，一句是市场经济，一句是产权经济，一句是法治经济。您说是一个常识，如今这确实是一个常识了。

科斯：

你的解释很通俗易懂，我看基本靠谱。我获得诺贝尔奖靠的就是这个。

三　并非巧合

记者：

有两个现象，我觉得有点蹊跷。

科斯：

说。

记者：

一个现象是，您的理论是您在 1937 年于《企业的性质》那篇文章中提出来的，为什么诺贝尔奖委员会直到 1991 年才让您获得诺贝尔奖？另一个是，直到 1986 年中国人才知道您的理论，为什么在短短的十几年时间，您的理论就在中国大地获得了那么大的成功？

科斯：

诺贝尔奖委员会颁发奖金有一个习惯，就是特别看重你的理论创新是否得到实践的验证，经济学与物理学、化学等学科不一样，物理学和化学的实验所需要的时间一般很短，一两个实验就敲定乾坤，而我们经济学就不一样了，一些理论的验证需要几年甚至是几十年的时间。你懂了吗？

记者：

明白了。第二个问题您如何回答？

科斯：

我的理论之所以在短短几年就能产生那么大的影响，第一个原因是我的理论是正确的理论，是好的理论。正确的理论、好的理论，我相信你们中国人不会拒绝这个理论的。

记者：

好理论？

科斯：

几百年的经验已经表明，要想让国民经济得到最大限度的发展，必须依靠两个东西，一个是市场这只“看不见的手”，一个是高效的企业组织，这是“看不见的人”。这是放之四海而皆准的事情。全世界都如此，你们中国不应该有什么例外。这是原因之一。

记者：

您真是神人。

科斯：

我没有什么天赋，我也没有发现什么了不得的天机，一个常识而已，你们中国如果不是一次又一次陷入乌托邦主义的深渊，我相信迟早也会发现和接受这个常识的。

四　时间将纠正一切

记者：

顺便问一下，中国的很多改革都是从产权制度入手的，但结果很不理想，甚至是事与愿违，原因何在？

科斯：

举例说明。

记者：

我对经济学所知一般，更谈不上研究，但我能看得懂，听得懂。我觉得中国著名经济学家张曙光先生的眼光还是很敏锐的，他看得比较准。

科斯：

他怎么说？

记者：

为纪念您的100周岁生日，北京大学中国经济问题研究中心等10多家单位在北京联合举行“科斯与中国”研讨会，经济学家张曙光与另一位经济学家盛洪先生还主编了一本书，其实就是这次会议的论文集，书名叫做《科斯与中国：一位经济学大师的中国影响力》。张曙光在为这本书写的序言中说，中国的30年经济改革虽然取得了不少成就，但也出现了一些意想不到的事情，比如……

科斯：

快点说吧，我的年龄是你的2倍，与我比你是娃娃、后生，我老朽一个，瓶子里面的油快耗尽了，说完蛋就完蛋，你抓住重点快点说行不行？

记者：

不好意思！张曙光说，比如，我们从政府的放权让利开始，为什么得到的结果却是一个大政府、强政府、富政府？再如，为什么国有企业改革是从包、租、卖和破产退出开始，现在却大幅度地扩张和强势进入，其垄断地位不仅没有受到削弱，反而越来越厉害？张曙光还说，在改革之前，中国的一些国资企业还承担着“为社会而生产”的职责，如今却一味变成“为政府而赚钱”的工具了，原因何在？还有，中国政府也反复强调要培育市场主体，鼓励民营资本发展，到如今，一些特殊利益集团却是如日中天，为什么？还有，中国是从强调政企分开开始，到如今凡是不与政府挂钩的企业就没有好下场，而只有搞权钱交易，靠行贿受贿，才能有好前途，才能把企业做强做大，又是为什么？还有……

科斯：

说啊。

记者：

还有，随着中国改革开放的推进，中国人的传统道德也受到挑战，如今的中国，已经走向赤裸裸的市场社会，一切都成为商品，很多东西均可以买卖，从肉体到精神都是如此，不正当竞争比比皆是，假货泛滥成灾，整个社会几乎失去了最基本的信仰。除了钱和权力，似乎再也没有什么东西能让中国人的眼睛放光了。

科斯：

你也不要太激动，你说的好多话似乎不是张曙光说的，好像是你添油加醋说出来的。不过，你说得也没错。我只能告诉你，问题再多，中国也不能放弃正确的方向，产权改革是历史的必然，是大势所趋。天意不可违！至于说中间会出现一些问题，我认为很正常。法制要抓好，执行环节尤其要抓好，否则，改革的成果就会成为泡影。中国最核心的问题我看就是一切向官看，这是致命的缺陷，这比一切向钱看要可怕得多。在登峰造极的“官本位”面前，一切都是畸形的。如果中国不从这个死结上跨过去，我看中国没有希望。不过，中国很古老，但也很年轻，还有时间继续探索，时间会纠正一切的。我祝福中国。

五　新概念的提出

记者：

1973 年您写过一篇怪怪的论文，论文的题目是《商品市场和思想市场》。

科斯：

那是我那年年底提交给美国经济学会的一篇论文，是关于“美国第一修正案的经济学”的一篇论文。

记者：

您在这篇论文中提出了“思想市场”这个新概念，好多人觉得这是一个不可思议的名词，我不明白，思想能作为商品吗？

科斯：

当然是。

记者：

思想能形成为一个市场吗？它与普通的商品市场有什么不同呢？或者说还是完全相同呢？既然思想可以作为商品进入市场，是不是说作为思想的主体——思想者也能作为一般的劳动力商品而进入市场进行交易呢？

科斯：

容我一个一个回答，可以吗？建议以后的问题一个一个问，我记忆力不好，记不住那么多的问题。

记者：

OK。

科斯：

首先，我要表达的第一个意思是，绝大多数人都知道我的产权与交易费用理论，而知道我提出的思想市场理论的人简直就是凤毛麟角，屈指可数。在我的心目中，我的思想市场论与我的经济学理论价值同等重要。可惜我老了，没有精力深入研究这个理论了，这是一个很有意思的课题。

记者：

我愿意研究思考这个问题，希望不久也能写出一本书，就叫《思想市场论》。

科斯：

好。我先给你说说我是在一种什么情况下提出思想市场理论的，这些资料对于你写作《思想市场论》肯定有用处。

记者：

愿意洗耳恭听。

科斯：

你已经知道了，我是在1973年的一篇论文中第一次提到“思想市场”这个概念的。我把美国宪法第一修正案所涉及的演说、写作与宗教信仰活动称为“思想市场”。

记者：

您的意思是说存在两种不同的市场，一种是普通产品与服务市场，一种就是思想市场。

科斯：

正是如此。思想市场与一般性的产品和服务市场虽然形式上不同，但从本质上没有什么两样。那么在考虑与之相关的公共政策时，就应该把他们置于一种相同的地位来考虑。

记者：

您的意思是说关于思想市场与一般性商品市场的公共政策应该相同呗？

科斯：

正是。我在这篇论文中还批评了一些人，在这些人看来，思想市场与一般性市场是不同的，因此，他们提出“让思想市场自由，让商品市场接受管制”，这是很荒唐的。

记者：

挺有意思，那您的意思是要建议让思想市场与一般性商品市场接受必要的政府管制，还是建议让一般性的商品市场要像思想市场一样获得越来越大的自由啊？

科斯：

你我之间先不要辩论，我说完背景情况后再说。

记者：

行。

科斯：

这样吧，好多事情我都记不清楚了。我建议你把我 1974 年写的《经济学家和公共政策》、1975 年写的《经济学和邻近学科》、1981 年 11 月写的《经济学家应该如何选择》三篇文章好好看看，你就有了立体感，我们就能更好对话了。

记者：

我虽然没有直接看过这几篇文章，但对其大意我是知道的，您就说吧。

六　知识分子也是“经济人”

科斯：

在一般人看来，知识分子的社会属性就是追求真理，所从事的工作高尚而神圣。

记者：

是这样啊。

科斯：

但在我看来，包括你我在内的所有知识分子与从事工商活动的普通人并没有什么本质性的区别。知识分子们做事的动机未必都是高尚的，有的很诚实，有的也很不诚实。这些知识分子们参加这样那样的贸易组织或劳工组织、参与政治党派，从事各种各样的咨询活动，其目的并非就是思考和发现真理，而是为了迎合公共舆论和政府的政策需要，同时也进而提高个人的声望和收入。

记者：

您的意思是说知识分子与一般的商人没有什么不同，商人给社会提供商品是为了获取利益，知识分子为社会提供知识，也是为了获得必要的利益和必要的声誉。

科斯：

是的。

记者：

同样作为一个“经济人”，知识分子与商人还是有些不同的吧？

科斯：

如果说有，也是有一些的。产品形式和价格衡量标准确实是有些不同的。

记者：

明白您的意思，那么我们如何来评判一个思想的价值呢？或者说如何来评判某一个理论的核心竞争力呢？

科斯：

理论的价值是解释世界，因此，我们看待一个思想的价值就是看其能否解释现实世界，能否为现实世界的思考提供一个良好的基础。如果答案是肯定的，就说明这个理论有价值，有竞争力。反之就说明这个理论没有价值，或价值不大，因而自然就失去竞争力。

记者：

建议举个例子。

科斯：

例子太多了，俯拾皆是。在20世纪30年代，哈耶克的理论之所以广受欢迎，就在于他的理论与当时别的理论相比，能够对当时的经济现象作出更精准更合理的解释。而随着形势的变化，凯恩斯理论的解释力超过了哈耶克的理论，于是凯恩斯的理论就战胜了哈耶克的理论而成为社会的主流意见。就我的理论来说，你们中国人之所以喜欢它，也在于我的理论或许比别的理论能对你们中国的事情做出更加符合实际的解释。

记者：

经过您这么一说，我还真的相信，思想与一般的商品没有多少本质性区别，某一个商品之所以卖得比别的商品好，就是因为它比别的商品更加符合客户的要求。

科斯：

对。

七　无处不在的管制

记者：

现在人们普遍认为计划经济不利于经济的发展，而亚当·斯密确立的自由主义市场理论，则是经济发展的不二法门。我感到您提出的产权理论，也是建立在亚当·斯密理论的基础之上。按照您的理论逻辑，似乎自由竞争同样也有利于真理的发现，有利于思想市场的发展，是不是？

科斯：

毫无疑问。要想思想市场得到发展，除了给予思想者们最大限度的自由外，我想不出还有什么别的办法更能促进思想市场的发展。

记者：

根据我的观察，在现实世界里，对思想市场的管制无处不在。

科斯：

说说你的观察。

记者：

对思想者们的管制大体上分两种：一种是政府管制，也就是政府通过法律、行政手段强力干预，甚至诉诸暴力手段禁止非正统思想的传播，有的国家政府通过控制出版物等传播媒介，来遏制不符合官方利益理论和意见的发表和传播。另一种管制就是学术标准的制衡。一些学术机构，凭借自己的影响力和财务实力，通过论文格式、学位要求、研究基金分配、刊物等级、从业资格等条件来约束知识分子，让他们不敢越雷池一步，而老老实实服从自己的安排。

科斯：

你说的确实到位，事实上就是存在着你说的两大限制，有时候，第二种管制看似温柔不少，其实它对思想传播的危害甚至比第一种还厉害。对我们这些以思想为职业的人来说，虽然生来是自由的，但却无往而不在枷锁之中啊。

八　多一些自由，少一些管制

记者：

您既然把思想市场与一般性的商品市场放在一起等量齐观，我一直想弄清楚您到底是主张对思想市场多一些管制呢，还是多一些自由呢？

科斯：

这个问题不好简单回答。

记者：

我知道您很难为情。我通过看您的文章，觉得您的观点是前后矛盾的。

科斯：

什么意思？

记者：

您在 1973 年的《商品市场和思想市场》中说："我们应当减少政府对商品市场的管制，同时增加政府对思想市场的干预。"到了 1981 年，您又白纸黑字地写道："除了让经济学家自由竞争，别无选择"，您还说："他们（经济学家）的研究就必须在一个相对自由的教育机构中展开，甚至要允许大学中的学院和系部都有相当可观的自治权。"很明显您是前后矛盾，您的观点到底是什么？

科斯：

我的话又不是圣旨，退一步讲就是圣旨也是可以改的嘛。再说了，我的观点你应该很明白，哪个观点在先，哪个观点在后，一目了然。

记者：

我知道您的意思了。

科斯：

知道就好。毕竟确保人类不断进化的第一动力是思想，思想才是引导人类持续进步的真正的太阳！

附：科斯简传

罗纳德·哈里·科斯（1910～2013年），芝加哥大学法学院慕瑟经济学荣誉教授及法律与经济学资深研究员。因揭示并澄清了经济制度结构和函数中交易费用和产权的重要性，科斯获得1991年诺贝尔经济学奖。同时，他也是产权理论的创始人。他1950年移民到美国，先后于布法罗大学和弗吉尼亚大学任教，之后一直担任芝加哥大学教授和《法学与经济学杂志》主编。1982年科斯从芝加哥大学法学院退休。早在学生时代读《马可·波罗游记》的时候，科斯就对中国产生了浓厚的兴趣。20世纪80年代初期，科斯极力建议张五常去香港大学任教，因为他认为香港大学是当时对中国最新的经济改革进行研究的最好的地方。1993年，科斯邀请盛洪去芝加哥大学法学院作访问学者。近几年，科斯还通过科斯基金会，组织并资助了2008年芝加哥国际会议“中国经济体制改革30年”，以及2010年芝加哥研讨会“工业的生产结构”。著作主要有《企业的性质》《美国广播业：垄断研究》等。

第十四章

「美国梦」

——对话亚历山大·汉密尔顿

引 子

美国普遍被人们视为一个民主国家，但是美国的政治决策从来就不是由多数人说了算的。美国是一个极具革命性与创新性的国家，但美国的革命与其他国家和民族所发生的革命比起来，简直就是小儿科，简直就是过家家。美国是一个创造了人类辉煌历史的国家，但美国自身似乎就没有什么历史。美国的历史完全是人为的产物，屈指可数的几十条宪法条文，支撑着美国数百年的历史。美国人尊重多数人，也尊重少数人；美国人敬仰革命，但却坚决反对动辄诉诸暴力；美国人面对英国的暴政，毫不迟疑揭竿而起，但却丝毫也没有改变美国人对于来自英国的政治与法律制度的尊重。美国开国元勋亚历山大·汉密尔顿将为我们诠释一个奇葩而矛盾的美国。此处所说的美国，是指那个处于襁褓中的美国。但从这个处于婴儿期的美国身上，我们则清晰看到了一个未来美国的影子。

一 思想造就的帝国

记者：

研究美国历史，有一种感觉很奇特。

汉密尔顿：

说出来共享一下如何？

记者：

一般的国家都是先有了国家，然后再由国家的开国元勋们领导着一些精英群体制定出宪法，而你们美国似乎有些不同。你们美国是先有宪法后有国家，似乎美国是你们这些宪法制定者们精心设计出来似的。换句话说，你们美国好像就是从深藏在几位天才人物头脑中的观念中一步步嬗变出来的……

汉密尔顿：

你的表述虽然有点别别扭扭，但基本意思我是明白的，其实你的感觉没错。英国作家、《世界史纲》的作者——H·G. 威尔斯说过："全部人类历史从根本上说是思想的历史。”当代美国思想史专家J·N. 菲吉斯说过：“现实世界是人们思想的产物。”德国社会学家马克斯·韦伯说：“由思想所创造的世界观念经常像扳道工一样，决定着利益火车头所推动的行动轨道。”德国哲学家叔本华也说：“观念主宰世界。”综合这些作家们的思想，我们可以得出一个结论，那就是历史完全可以理解为思想的集合，也是思想的创造物。

记者：

好像可以这么说。

汉密尔顿：

既然如此，说美国就是从构成这个国家的美利坚民族的伟大思想中产生出来的，就没有什么奇怪了。

记者：

造就美国的思想到底在哪里？

汉密尔顿：

这个思想就来自古老的欧洲。

记者：

具体点可以吗？

汉密尔顿：

这些思想应该包括：约翰·洛克的思想、孟德斯鸠的思想、埃德蒙·柏克的思想、大卫·休谟的思想、威廉·布莱克斯通的思想、霍布斯的思想，我们的立国思想甚至还可以追溯到古希腊、古罗马思想家们的思想……

二　违法与护法之间

记者：

最近无意中看到你们美国人戈登·伍德写的一本书。

汉密尔顿：

肯定是那本《美国革命的激进主义》，戈登·伍德堪称美国开国史研究第一人。

记者：

我对戈登·伍德描写你们美国革命的一段话很感兴趣。

汉密尔顿：

他的书我也很喜欢看，不知道你说的是哪一段？

记者：

戈登·伍德在书里是这样来描写你们那些美国革命家的，他说：美国的革命家们不具有近代以来那些革命者的形象。

汉密尔顿：

什么形象？

记者：

按照戈登·伍德的理解，那种形象就是：对任何事情都是义愤填膺，斗志昂扬，不顾一切，甚至是为了某种事业而去杀人放火。

汉密尔顿：

我们美国的革命者还真不是这种形象。戈登·伍德还说什么？

记者：

戈登·伍德还说：美国的革命者似乎总是出入于客厅或立法大厅，而不是活动在地下室或大街上。他们既不是抽象的理论家，也不是社会平等主义者，他们不消灭他人，也不毁灭自己。美国革命没有恐怖时期，也不存在应运而生的独裁者。它没有农民起义，没有火烧城池，更没有监狱暴动。

汉密尔顿：

戈登·伍德的意思是说我们美国的革命不是那种疾风暴雨式的阶级斗争，而是和风细雨式的和平运动。他说的一点没错，根据我的观察，在我们美国革命期间，确实很难发现有太过激进的血腥，而血腥恰恰是绝大多数革命所共有的特征。法国大革命就是一个典型。今天是你上台，我人头落地；明天是我上台，你人头落地。你死我活，血雨腥风，令人毛骨悚然。美国革命确实没有这些特征。在我们美国革命期间，即便是那些效忠英国的保皇派，对他们最大的羞辱也不过就是被革命者用柏油粘上羽毛示众，最重的惩罚就是被立法机构宣布没收财产并驱逐出境。

记者：

与大多数的革命比较起来，你们美国的革命简直就是小孩子玩过家家游戏，简直就不是革命。

汉密尔顿：

美国的情况或许是你们这些拥有太多革命的东方人所无法理解的。我们美国的革命者，自然也包括我在内，既希望通过革命这种打碎旧法统的行为来建立一个新兴的国家，我们也希望在革命的过程中捍卫法律的权威。也即是说，我们既希望打倒国王，也希望在打倒国王的过程中，不要摧毁人们对法律的感情，并逐步把法律树立为真正的国王。

记者：

这可是一个高难度的动作。

汉密尔顿：

但那时我们美国人做到了，我们摧毁了强加在我们头上的英国国王的统治，获得了国家的独立，同时我们继承了英国的法律传统，最终把国家建立在一个高度宪政的基础之上。

记者：

希望您细细说说，确实是个特例。

汉密尔顿：

在我们殖民地人民向英国宗主国发出挑战之前，我们已经走过了200年的历史。在这200年中，我们已经形成了不同于英国的众多特质。其中一个就是，在英国，法律仅仅是个别法律精英们的专利品，而最普通的人则对法律缺乏最基本的理解。而在美国就不同了，我们早已学会运用法律治理自己的对外贸易、外交和内部事务。当然，我们也学会了运用法律与我们的宗主国讨价还价。我们与英国人之间的战争，基本上是在法律框架范围内的护法之战。

记者：

护法之战？

汉密尔顿：

与其他一些国家的革命不同，别的国家一般是由一些无产阶级的领袖们挑头干起来的，而在我们美国则不是这样，美国的革命是在一帮有权有势的富人的领导下进行的。美国的革命者心知肚明，任何形式的革命都会与英国的法律发生冲突，但是我们这些革命者学会利用英国法律本身来为自己的革命寻找合法性。

记者：

有点意思。

汉密尔顿：

美国的革命者充分利用了英国普通法传统中的自然法理论，你知道，英国的法律深深受到自然法理论的影响。在自然法理论中，人人都享有不可剥夺的天赋人权，如果国家不能保护被统治者的契约权利，被统治者就有权利向统治者发出挑战。这就是高于英国实在法之上的“高级法”，有了“高级法”的支持，美国革命者发动的革命自然就有了合法基础。我们的革命者还抓住了英国法律中的“无（议会）代表不纳税”的规定，既然我们北美13个殖民地在英国的议会中没有代表，自然我们就没有必要向英国纳税。英国政府强制美国人纳税就是违法。英国政府最后不得不承认美国人独立，原因就在这里。所以我要说，美国的独立就是一场护法之战。至于我们与英国之间发生的一些暴力冲突，那只是一些小插曲而已。

记者：

这意味着什么？

汉密尔顿：

做任何事情都要依法行之，无论是政府，还是个人，或者是什么党派，概莫能外，这就是宪政的核心。

三 合众立国对谁最有利？

记者：

自1776年你们北美13个殖民地宣布独立以后，历经6年的苦战，最后终于迫使英国政府承认13个殖民地的独立。

汉密尔顿：

西班牙和法国的支持也很重要，如果没有欧洲这些爱好自由的国家的鼎力相助，这种自由不会来得这么快。

记者：

自由既然如此珍贵，我不明白你们这些开国元勋们何以又要早早提出把13个殖民地联合为一个国家，还提出要建立一个强大的政府？这不等于又要让各个殖民地刚摆脱英国王室的压迫，又将被置于一个野蛮强大的中央政府的统治之下吗？是某种出人头地的政治企图在作怪，还是别的什么原因驱使你们上窜下跳鼓与呼呢？

汉密尔顿：

你还是阳光一点吧，别把人想得那么阴暗。我之所以带头呼吁13个殖民地联合为一个强有力的国家，首先在于我认为北美人民同种同文，本该联合为一个国家。

记者：

同种同文就应该联合为一个国家吗？

汉密尔顿：

这是首要的原因。文化是人类走向共同体的第一动力。

记者：

欧洲的两位伟人马志尼和俾斯麦都说过类似的话。

汉密尔顿：

他们是现代欧洲民族国家的缔造者，他们的思想从来都是高屋建瓴的。如果没有文化这个前提，即使你硬把这13个殖民地捏到一起，也很快就会瓦解的。北美13个殖民地的人民都是同一祖先的后裔，语言相同，宗教相同，信仰相同，隶属于政府的同样原则，风俗习惯也非常相似。此外，我们用自己共同的计划、军队和努力，在一次次的战斗中并肩作战，光荣地建立了全体的自由和独立，我们绝对不应该分裂为许多互相嫉妒、互不相交和互不相容的独立国家。

记者：

您说的这些原因仅仅具有文化方面的价值，具有相似文化背景的人不一定非得生活在一个国家，还有别的原因吗？

汉密尔顿：

北美从地理环境上也是一体化的，也特别适合于居住在这片土地上的人民联合成为一个国家。

记者：

好多相邻国家的人民在地理上也是一体化的，但并不意味着他们必须生活在一个国家之下。您能不能告诉我这背后还有什么更为实际一些的理由？

汉密尔顿：

看来你对我们的革命史是做了一些研究的，13 个殖民地必须联合为一个强有力的国家，背后确是存在一些不得不如此的原因。

记者：

不得不如此的原因？

汉密尔顿：

是的。在欧洲朋友的支持下，我们迫使英国不得不承认我们的独立。但是我们不得不承认，我们独立后的日子并不好过。

记者：

什么情况？

汉密尔顿：

一盘散沙，内讧迭起，经济瘫痪。

记者：

如此严重？

汉密尔顿：

独立前我们各个殖民地的人民可以在英帝国范围内做生意，与英国闹翻后，那种机会就没有了。更糟糕的是，独立带来的不是一个国家，而是 13 个国家，他们各自为政，各有宪法，政治上互不相让，经济上相互拆台。这 13 个独立的国家，只是为了反对共同的敌人——英国才于 1781 年最后接受了一个《邦联条例》，成立了一个名为“美利坚合众国”实质上是邦联的组织。严格来说，此时的美国还仅仅只是一个主权国家联盟。

记者：

就与今天的欧盟差不多呗？

汉密尔顿：

应该是，甚至说还远远不如。总之，就是一盘散沙。

记者：

还有什么情况？

汉密尔顿：

那就是内讧严重。为扩大地盘，各个邦国相互争吵。为维护自己的贸易特权，各个邦国之间大搞贸易壁垒。例如，新泽西与纽约州之间打起了关税战。

记者：

经济情况呢？

汉密尔顿：

在南方，连续3年农业歉收，主要农产品烟草价格因失去国际市场而暴跌连连，农民们负债累累，苦不堪言。北方情况也好不到哪里去，整个经济一片萧条。

记者：

想想都令人不安。

汉密尔顿：

如果北美各个殖民地不能尽快联合为一个国家，并建立强有力的中央政府，北美地区随时会陷入内战状态。你要知道，英国虽然承认我们13个殖民地独立，但他们不会甘心失去这块宝地的。英国人不仅在我们的北部地区保留了9个军事壁垒，垄断了美国对外贸易的商路，还占据了至关重要的战略位置。英国人做梦都希望美国13个殖民地之间发生内讧，相互之间打起来最好，这样他们就可以插手北美事务，甚至再度把北美夺回。而我们组成一个强大的国家，由中央政府来统一处理全国的外交和国防问题，一方面可以避免不必要的国际冲突，一方面一旦与外国开战，也能做到集中全国武装力量参加进来，以确保我们能够取得胜利。

记者：

一定吗？

汉密尔顿：

松散的联盟与集中成为一个国家，其间的关系就如同一只筷子与一把筷子的关系一样，谁也不能说团结在一起就一定能取得战争的胜利，但是毫无疑问，成功的概率要远远大于单枪匹马。

记者：

所以 13 个殖民地应该统一为一个国家。

汉密尔顿：

这是美国人民的唯一选择，联合成为一个强有力的国家，对美国人民最有利。

记者：

美国人民？你们美国的宪法学家查尔斯·比尔德说，你们这些当初的宪法制定者们并非什么民主主义者，你们对人民根本就没有信心，人民不过是你们的口头禅而已。

汉密尔顿：

谁说的？

记者：

查尔斯·比尔德。

汉密尔顿：

喔。

记者：

查尔斯·比尔德在他的《共和对话录》中还说，你们几位负责起草宪法的人，无论是您本人，还是约翰逊，还是金·莫里斯，没有一个是民主主义者，在你们的心中，人民都是无用的，国家就是你们这些富人的，就是你们这些有钱的男人的，穷人、黑种人、妇女，什么都不是。

汉密尔顿：

……

记者：

查尔斯·比尔德说，你们这些早期傲气的革命者当中，没有几个人对普通大众有好感的，听说杰弗逊曾经把人民称为“庞杂、矛盾、松散的平民大众”，也听说有人把人民称为“无用的植物”，甚至有人说人民是一群不辨是非的“老酒鬼”。

汉密尔顿：

不可能吧？

记者：

千真万确，根据比尔德的研究，似乎可能只有麦迪逊一个人对人民这个概念还是比较尊重的。而您汉密尔顿竟然是一个最目中无“民”的人，他说您竟然说过不少对人民大不敬的话。

汉密尔顿：

什么话？

记者：

“你们老百姓就是一大群禽兽”，就这话，您说没说过？

汉密尔顿：

这个……我真的记不清了，如果我说了这样的话，那是应该忏悔的。

记者：

不追究了，人的一辈子谁没说过一些过头话。不管比尔德怎么说，我不得不说一句，毫无疑问，组成一个国家对北美人民是有好处的，这一点似乎不存在多少争议。但是，我也观察到这样一种现象，在你们这帮富有的政治精英们为宪法大打唾沫官司的时候，我很难看到美国人民的影子。马克思说过，人们所奋斗的一切，无不与他们的利益有关。马克斯·韦伯也说过，直接决定人们行为的，是根本性的物质利益。能不能说，主导美国法治进程的，依然是赤裸裸的利益，除了一般美国人民的利益，最要紧的是你们这些富有的资产阶级和中产阶级的利益在驱动。

汉密尔顿：

让美国人民过上自由、幸福、安宁的生活，这就是他们的最大利益，也是我们这些比较富有的人的最大利益。天经地义，很正常嘛。

记者：

我所说的并不是你所说的这些泛泛的东西，根据我掌握的资料，驱动你们这些富有者，也就是资产阶级们拼命推动立宪，拼命要把北美往一个国家捏的原因，可能与你们手里捏着的大把大把有可能打水漂的借条密切相关。

汉密尔顿：

这是一个非常敏感的话题，不过既然是对话，就请你说说清楚。说实话，在我的文章中，我没有说到这个问题。

记者：

您把这点透了，或许就把美国绝大多数人民得罪了。

汉密尔顿：

快说吧。

记者：

根据我的了解，你们13个殖民地取得独立的时候，你们美国社会几乎分成了两个简单的社会阶层。

汉密尔顿：

哪两个？

记者：

一个是债权人阶级，一个是债务人阶级。

汉密尔顿：

不愧是马克思的徒弟，动不动就喜欢用阶级观点来进行分析。继续说吧。

记者：

债权人阶级就是你们这些富有的商人、地主、官僚，而债务人阶级则包括南方的一些种植园主和北方的农民。由于经济瘫痪，这些人无法按时清偿债务，于是就采用各种手段给各个殖民地的议会和法院施加压力，意图撕毁这些借贷协议。好多地方政府也顺应这些债务人的要求，采取种种手段支持债务人反对债权人。

汉密尔顿：

有这种情况。

记者：

马萨诸塞州的退伍军人丹尼尔·谢斯就是利用广大债务人对债权人的不满，发动了声势浩大的农民起义，向那些倔强不让步的债权人发起了凶狠而野蛮的进攻。这些地方的农民们和起义军封闭法院，“兵谏”议会，迫使议会免除债务。

汉密尔顿：

有这种情况。

记者：

你们这些贵族阶级千方百计主张建立一个强有力的中央政府，是不是也有保护自己债权的考虑？

汉密尔顿：

你说的也对，这难道有什么不对吗？债权人的利益永远是与社会的利益一致的，而债务人的利益则五花八门，与社会利益并不完全一致，有时候甚至是截然对立。让无产阶级牵着鼻子走的民族永远没有希望。因此，维护债权人的利益就是维护美国人民的利益。此外，我还想说一点，鼓励人民赖账，并不是一种好事情。欠账不还，让我们在全世界面前声名狼藉，欧洲各国不仅不愿意再继续借款给我们美国人，而且采用种种手段追索欠款，违约金水涨船高。无论是我们的各个公司，还是个人，经常是官司一大堆。这对我们有什么好处呢？

记者：

不能说您说的没道理。

四　民主政治：从丑小鸭到白天鹅

记者：

人们习惯于把你们西方文化称为民主文化，而你们美国则被公认为是实行民主政治的楷模。但有意思的是，我在你们美国的宪法中竟然找不到“民主”这个词，还有，依照最普通的理解，民主的含义就是多数人说了算，而我在你们美国宪法中看不出到底在哪些事情上，大多数人发挥着最后的决定性作用。

汉密尔顿：

你的嗅觉真够灵敏的，无论是我们美国的《独立宣言》，还是我们的《宪法》，无论是我们的杰斐逊、麦迪逊，还是我们的杰克逊，他们都从来就没有使用过“民主”这个词。

记者：

奇了怪了，到底是什么原因造成这种状况呢？难道你们并不看重“民主”这个东西吗？

汉密尔顿：

说来话长，不过我先告诉你结论吧，那就是在两次世界大战之前，无论是美国的普通民众，还是美国的政治精英们，他们对“民主”这个词都非常反感。

记者：

闻所未闻，愿闻其详。

汉密尔顿：

在英语世界中，“民主”这个词 16 世纪初叶才依稀可见于一些作家的作品中。其含义就是指古代雅典或其他城市里那种由选民在广场上采用讨论和投票决定国家重大决策的一种政府形式。

记者：

那这个词从一开始不就是非常好的吗？

汉密尔顿：

现代人是这么看的，但在 16 世纪初叶人们刚刚见到这个名词的时候，“民主”是一个不好不坏的中性词。但到 17 世纪克伦威尔革命以后，“民主”的含义发生了变化。

记者：

什么变化？

汉密尔顿：

这时候，人们把那种无法无天、破坏和平、损害私有财产的暴民运动与“民主”这个词画上了等号。我们美国人就是通过 17 世纪的英国革命知道了

“民主”这个概念。在我们制定联邦宪法的这个时期，绝大多数人都认为“民主”是一个可怕而又可恶的名词。每个政治派别都把他的政敌攻击为“民主派”。可以说在这个时间段里，人们眼中的“民主”，就是洪水猛兽一样的东西。在19世纪很长一段时间里，这种情况没有发生多大改变。

记者：

闻所未闻。

汉密尔顿：

你已经说过两遍“闻所未闻”了，足见你的研究还是有局限性的。

五　华盛顿为何没有“黄袍加身”？

记者：

你们13个殖民地联手打败英国军队的时候，华盛顿领导下的大陆军可以说绝对控制了全国的局势，似乎没有什么力量可以动摇华盛顿的地位，但华盛顿挺有意思，似乎他对当一国之君并不感兴趣，据说，这边人们选举他当总统，他却躲到自己的农庄里去了，要不是人们反复规劝，他死活都不愿意去当什么总统。不知道有无此事？

汉密尔顿：

你说的有点演义的成分，不过基本上也是差不多的。

记者：

华盛顿人格魅力光芒四射，我愿意听您介绍一下他在你们制定宪法这段时间的表现。

汉密尔顿：

任何一个国家和人民的命运，不管这个国家实行什么样的政治体制，都与他们的领袖级人物的个人素质密切相关。美国人有福气，因为他们得到了一个伟大人物——华盛顿而不是什么别的人物。华盛顿也有福气，因为他得到了美国人民而不是别的什么类型的人民。

记者：

挺绕口的，如何解释？

汉密尔顿：

先说美国人民很幸运这件事吧。在美国人民击败英国殖民主义者的历史进程中，华盛顿的贡献绝对是最大的。华盛顿虽然戎马出身，但却是一位自由和共和主义的最坚定的热爱者和身体力行者。华盛顿不是凯撒式的人物，也不是克伦威尔式的人物，他是真心诚意支持通过宪法进行国家治理，而对任何形式的军人独裁予以坚决反对。

记者：

果真如此？

汉密尔顿：

当然是。我来举几个例子吧。

记者：

用事实说话最好。

汉密尔顿：

1782 年有一位宾夕法尼亚州的尼古拉上校，曾经上书华盛顿说他不赞成建立共和制政府，并建议划出一个地区给军人，由军人全权管制。华盛顿在给其复信中把这位尼古拉上校痛斥一番，让这位上校连话都说不出来。

记者：

华盛顿确实很英明。主张建立军人政府的人不应该只有尼古拉上校一个人吧？

汉密尔顿：

是的。当时确实有很多人主张放弃共和理想，而主张建立一个军人政府。如独立革命军的瓦纳姆将军就是一位，瓦纳姆将军致信华盛顿说：“平等是维护一个民主共和国政体存在所绝对不可缺少的因素。可是各地的公民对‘平等’观念都完全缺乏喜好。因此，唯有君主专制或军事独裁始可挽救美国免于遭受被征服的浩劫。”此类信件华盛顿收到的可以说是数不胜数。也正是感觉到美国存在的这种随时会回到专制和独裁轨道上的危险情况，华盛顿才放弃战后退避农场享受退休清闲的打算，积极投身立宪运动。可以说，华盛顿对美国走上宪政道路立下了汗马功劳。没有华盛顿就没有美国的宪政。这是美国人民的福气。

记者：

那为什么说华盛顿也有福气呢？

汉密尔顿：

有什么样的政治家，就有什么样的人民。同样，有什么样的人民，也就有什么样的政治家。

记者：

应该是这样。

汉密尔顿：

华盛顿应该很清楚，美国人民法律意识普遍很强，长期的独立与自由生活让他们酷爱共和，而反对独裁，正因为华盛顿知道背后有这么多支持共和的士兵和民众的支持，他才敢于坚决抵制那些企图建立军事独裁政府的企图。还有，华盛顿也应该知道……

记者：

知道什么？

汉密尔顿：

美国有那么多的人尊敬华盛顿，热爱华盛顿，那是因为他们相信华盛顿不是那种迷恋权术的人，而是对共和和自由无比热爱的伟大人物，这是华盛顿所应该知道的。在这种情况下，华盛顿自然知道一旦他背离了自己对自由和共和的热爱，美国人民也不会继续支持他的。民主宪政是大势所趋，历史使然，谁想与历史抗衡，必然身败名裂。

记者：

谬误和执迷不悟要付出沉重的代价，好多政治人物一旦大权在握，就恨不得把大权带到棺材里，搞什么终身制，当什么皇帝。只要有一口气，都还要发号施令，结果把国家搞成一座人间地狱。你如何对待人民，人民自然就会如何对待你。

汉密尔顿：

所以华盛顿不会也不敢去做那些“黄袍加身”的美梦，即使他有这种想法，也是不可能成功的。不管出于什么原因，正是这种人民对于自由和共和的热爱也成就了华盛顿这些政治家的完美，所以我说华盛顿也是很有福气的。

换了一些别的民族和国家，那些政治家们自然会想入非非。你们中国的袁世凯就是这样的人物。

记者：

中国的情况与你们美国不同。

汉密尔顿：

这就是我所讲的国民的素质使然，政治家不得不如此。

记者：

你们这些联邦主义者，一方面呼吁要建立强有力的中央政府，一方面又要提出设立独立的司法机构，这不是又削弱了中央政府的权威了吗？

汉密尔顿：

对于我们这些制定宪法的人来说，最大的困难并不是怎样组成联邦政府，而是采取什么办法来贯彻执行联邦法律。

记者：

于是你们提出了司法独立制度。

汉密尔顿：

在研究设计什么样的制度贯彻执行联邦法律时，我们也考虑过把司法大权与行政大权合二为一，但最终我们相信，固然政府可以用暴力手段来执行法律，但长此以往，政府也就成为军政府，成为一个独裁机构了。

记者：

是这样。

汉密尔顿：

最后我们决定采用法院判决手段来执行法律，独立的法院机构应运而生。而法院要做到公正执行法律，就必须公正无私，而要做到公正无私，就必须独立，法院不独立，公正就是废话。《宪法》用400多个字对联邦法院和各个州的法院体系进行了设置，规定了法院的权力，规定了法官的权力。今天看来这种设置是正确的。

记者：

通过研究你们美国的宪法，我觉得你们对司法权的设计非常独特，我想知道，你们授予司法机关那么大的权力，是出于什么考虑？

汉密尔顿：

国家的权力从理论上可以分为立法权、行政权和司法权。如果我们把这三种权力进行一下比较，你就会发现：立法机关不仅掌握财权，而且还有权制定规范公民权利义务的准则。总统及行政机关不仅具有荣誉、地位的分配权，而且还执掌国家的军事力量。与立法机关和行政机关比起来，司法机构就是小巫见大巫了。司法部门既无强制力，又无意志力，而仅仅有判断，即便是司法机关将其意志付诸实践也要借助行政机关的支持。所以说，在三种权力中，司法机关最弱小，与其他机构不可比。在这种情况下，要想维持三大权力机构之间的平衡，就必须授予司法机构特殊的权力，也就是要进行特殊的设计，通过这种设计，加强司法机关的自我捍卫能力，以免受其他两个机关的进攻。

六　法官之独立

记者：

司法权也是一种不可小觑的政治权力，您让法官拥有独立的地位，会不会对公民的权力构成不必要的损害，进而也对社会和国家构成威胁呢？

汉密尔顿：

在前面我已说过，三权之中，司法权力最为弱小，犹如一张桌子的三条腿，两条腿很硬朗，一条腿瘸得很厉害，就必须对这条腿采取一些外科手术。唯有如此桌子才不会倒掉。

记者：

所以您提出了通过让法官可以终生任职以确保法官独立性的奇特设计？

汉密尔顿：

谁告诉你这是我的设计？

记者：

难道不是您的设计？

汉密尔顿：

当然不是。联邦宪法的这个规定，实际上只是沿袭了各个独立邦国宪法的规定。照抄而已，没有多少创新。法官只要行为良好，身体健康，没有经济犯罪行为，就应该继续任职，显然是一个非常有价值的设计，可以说最有价值。

记者：

继续说。

汉密尔顿：

还有一点，人人都知道，端谁的碗，服谁管，这也是一个常识。你的薪水是谁给你的，你就得听这个人的话。

记者：

很正常。

汉密尔顿：

正因为这个道理，我们对总统和法官这个职位设计了不同的薪俸标准。总统权力大得无边，他可以想给谁涨工资就给谁涨工资，当然，如果他想给自己涨工资的话，更是手到擒来，所以我们规定总统的工资是一定下来就不能涨的。

记者：

什么意思？

汉密尔顿：

如此明白，还要解释。总统的任期比较短，几年时间物价不会变化太大，因此，总统工资一旦定下，任何人任何部门不得调整，你敢调整总统的工资，就是违宪。

记者：

那你们是如何设计法官的工资的呢？

汉密尔顿：

法官的工资是一旦定下就不能降。

记者：

为什么要如此设计？

汉密尔顿：

法官任期是长期的，因此，他们的工资一旦物价涨起来就贬值了，为了让法官安心工作，我们规定了法官的工资不能下降。这样规定也可以防止一些政治势力为了给法官施压来从经济上欺压法官。

记者：

真是用心良苦啊。

七　司法审查权

汉密尔顿：

为了让法官保持真正的独立性，我们还设计了针对立法的司法审查权。

记者：

在好多国家里，只有立法机关自身才有权力修改自己的立法，而你们却把这种权力授予法官，这是出于什么考虑？

汉密尔顿：

美国是宪政国家，宪法的地位是至高无上的，宪法一旦定下来，任何部门的立法都不应该与宪法相冲突。立法机关虽然是宪法的制定者，但也不能保证它以后的所有立法都符合宪法的规定。再说了，你让立法机关参与判断自己的立法是否违反宪法，本身即是荒谬的。所以我们把这种权力授予法官，让法官来判断立法机关的立法活动是否违背宪法。

记者：

那法官依据什么来判断立法机关的立法是否违宪呢？

汉密尔顿：

自然是人民的意志，具体说就是宪法。

记者：

难怪有人说，在你们美国真正的贵族是法院里面的法官，他拥有这么大的权力，那还真有资格与立法机关和行政机关抗衡了。

汉密尔顿：

我想起来，刚才我漏掉一点，那就是我们还规定法官一旦任命，只有众议院提出弹劾，参议院通过后才能让法官离开职务。而且我们还规定，任何人弹劾法官不能以所谓的能力问题为借口，因为能力是一个弹性很大的问题，特别容易成为政治势力干预司法独立的借口。

记者：

我是学法律的，如能到你们美国当个法官真很幸福啊。

汉密尔顿：

欢迎。我感觉你是一个非常正直的人，适合于担任法官。

附：汉密尔顿简传

亚历山大·汉密尔顿（1757～1804年），美国的开国元勋之一，美国宪法的起草人之一，美国政党制度的创建者。他曾任美国第一任财政部长，在美国金融、财政和工业发展史上具有重要地位。2006年，汉密尔顿在美国的权威期刊《大西洋月刊》评选的"影响美国的100位人物"中位列第五名。主要著作有《联邦党人文集》等。

第十五章

旧制度与大革命

——对话托克维尔

引　子

作为一个贵族，法国思想家托克维尔的父母险些在法国大革命中被送上断头台，但无论是在《论美国的民主》，还是在《旧制度与大革命》中，托克维尔并不是总会从其贵族的立场说话。托克维尔是思想界的奇葩一朵，他的观点新颖而耐人寻味。在托克维尔的眼中，平等是一个绝对荒谬的概念，按照这个理念行事只会把国家送进地狱之中，而自由则价值无限。托克维尔认为，法国大革命的胜利者宣称所废除的“封建制度”，在革命前的法国根本就不存在。而法国大革命后建立起来的新制度则与革命前的旧制度是惊人的相似。正是跨越革命前后而不变的中央集权制度，其内在的缺陷导致法国失去了预防革命的功能。托克维尔认为，唯有建立在自由原则基础上的阶级合作，才是预防革命和暴乱发生的唯一选择。

一　挥之不去的困惑

记者：

您的著作《旧制度与大革命》在当代的中国很畅销。

托克维尔：

卖得再好，我也不会多拿一分钱版税。不过我不明白，这本书在西方早就没人看了，你们中国人何以要凑这个热闹？关键是你看了吗？

记者：

与您有关的书我买了一大堆，《论美国的民主》《旧制度与大革命》不说，我还看了您的《政治与友谊》《回忆录》等书，此外还看了一本中国年轻学者杨伯博士写的《解读旧制度与大革命》。

托克维尔：

你每天都要研究宇宙问题、研究世界问题、研究中国问题，竟然还抽出时间看我的书，我高兴得很。你读我的书感觉如何？

记者：

一般人看书都希望很快就能知道作者的观点，总想作者通过自己的著作能总结点什么规律啊、经验啊之类的东西，或者能帮助自己获得些什么、改变些什么。否则看书就是白看了。

托克维尔：

你这么一说，那你看我的书就白看了。

记者：

看您的书确实有那么一种感觉。您自己也多次说过，您从拿笔开始写这本书之际，您就不知道要写什么。您觉得自己能做的，就是尽可能独立地、自由地写下去。您写书往往从困惑开始并逐步展开，但一直到写完搁笔了，您的困惑丝毫也没有什么缓解。作为读者，也往往希望通过您的书能化解某些困惑，可到合上书时，依然一脑子困惑，有时候甚至更加迷糊……

托克维尔：

哈哈！没这么夸张吧。

记者：

本来是黑白分明的世界，经过您的笔一“润色”就变得面目模糊；本来天经地义的事情，在您笔下就变得大为可疑；本来不成问题的问题，在您的笔下就成了一个大问题。经过您这么一搅合，读者们再也不会以过去的眼光看待世界了，但此时此刻也很难再理直气壮地反对些什么、支持些什么了。一切都如影子一般变得令人惶惑，一切都失去了最起码的确定性。难道这个世界就这么让您难以下判断吗？

托克维尔：

不是我愿意沉湎于病态的困惑，而是因为这个世界本来就属于困惑。当你生逢一个怪异的时代，面对一盘无解的棋局，准确地描述问题，远比仓促地提供什么答案和建议要更加重要得多。

记者：

或许是吧。

托克维尔：

不过，我感到最困惑的倒不是这个世界，我越来越觉得，最让我们难以把握的是我们自己……

二 认识自己——最难

记者：

最让我们难以把握的是我们自己？

托克维尔：

是的。

记者：

我记得苏格拉底说过类似的话，另一位哲学家维特根斯坦似乎也说过。

托克维尔：

维特根斯坦的《哲学研究》有这样一句话，这句话是："上帝知道——但是我们不知道。"苏格拉底曾经说过，哲学的起点是——"我只知道一件事，那就是我什么都不知道"，所以苏格拉底号召人类——"认识你自己吧"。

记者：

苏格拉底到底说没说过这句话，只有天知道，我只知道这句话是柏拉图说的。维特根斯坦的《哲学研究》我研究过，有这句话。

托克维尔：

也可以这么说吧。我 16 岁之前一直是一个乐观无限的理想主义者，但 16 岁以后，我就不再是以前的我了。

记者：

发生了什么事？

托克维尔：

其实也没有什么大事，可能与我读过的一些启蒙作家们的作品有关。

记者：

自 16 岁以后，您就对自己失去了自信，对自己充满了怀疑？

托克维尔：

是的，看看那些启蒙作家们的书，看看我们身处的世界，我越来越觉得我们宛如身处一个咆哮不停但却没有海岸的海洋，这个海岸如此遥远、如此陌生，以致于我绝望地发现：我今生乃至我们的下一代都无法找到它，无法登临这个海岸，无法立足这个海岸。

记者：

这么严重？

托克维尔：

比你想象的还要严重，在我的心中，我周围的世界变得如此残酷，天空不再给你以希望，大地不再给你以尊严。我也突然发现，原来熟悉的自己突然一下子消失得无影无踪，我对我自己的那一点点印象和认识也如一片炊烟，从我人生的烟囱中莫名其妙地飘走了。德国哲学家康德说得没错：世界是一个永远不可知的“自在之物”，我们这些微不足道的个体就更是如此了。我终于明白，人的认识永远不会具有全知的性质，人最难认识的就是你自己！

三　并非讨伐“大革命”

记者：

年纪轻轻，您就达到苏格拉底的境界了。

托克维尔：

羞煞老夫了。对自我的绝望是人世间最大的不幸。说点别的事情吧。

记者：

好，就说法国大革命如何？

托克维尔：

好。

记者：

您是说大革命好？

托克维尔：

不是这个意思。我是贵族出身，地位显赫的贵族家庭，我是大革命的受害者，我的父母差一点被送上断头台。

记者：

您不可能说大革命好，你要讨伐大革命。

托克维尔：

你错了，我写《旧制度与大革命》，从来就没打算把这本书写成一本对大革命的讨伐之书、清算之书。相反，我高度肯定大革命的历史意义。

记者：

这样？

托克维尔：

我是如此评价法国大革命的，白纸黑字写在《旧制度与大革命》中。

记者：

您是如何写的？

托克维尔：

我是这么写的："我不相信历史上有哪个时刻、在地球上哪个地方，曾经有像这样一群人如此真诚地热衷于公共事务、如此忘记自己的利益，如此沉迷于对一个伟大计划的默想中，如此决定付上人认为最宝贵的东西为代价，把他们自己提升到超越个人心中的愿望之上。这是一个美丽得无可比拟的时刻。"

记者：

我在您的书里看到了这段话，您还说了什么？

托克维尔：

我还说过："这场革命的效果就是摧毁若干世纪以来绝对统治欧洲大部分人民的、通常被称为封建制的那些政治制度，代之以更一致、更简单、以人人地位平等为基础的社会政治秩序。"

四　作为假想敌的"封建主义"

记者：

您与那些简单地只会用骂大街的语言评论大革命的贵族确实不同，这种阶级的超越，让我很钦佩。不过，贯穿您全书的，依然是对大革命的诟病与否定。

托克维尔：

作为历史学家，我不得不承认大革命的历史意义，但是作为政治家，我也不得不正视大革命的极端破坏性，不得不正视大革命对于社会进步的无效性和那种血腥而狂暴的破坏性。面对排山倒海的大革命，没有人能够出面予以制止，所有人都感到无可奈何。

记者：

革命，是一次破坏性能量的总爆发，它就如突如其来的自然灾害一样，如飓风、如地震、如山洪暴发。一切都遭到血洗，玉石俱焚，山河变色。革命面前，无论是那些有形的东西，还是那些无形的物件，都会变成灰烬，荡然无存。但大革命毕竟摧毁了陈旧的制度，荡涤了陈旧的观点，而为社会的进步打开了前进的道路啊！

托克维尔：

你是一位极端理性的思想者，我对你的很多观点都是很欣赏的，但是你毕竟还是你，一般人的浅见依然如故地主宰着你的头脑。

记者：

浅见在哪？

托克维尔：

一般人把我们国家的历史一分为二，大革命前的历史，与大革命后的历史，似乎大革命前的历史与大革命后的历史是两个完全不同的部分，一浊一清，泾渭分明。在当时国人的话语中还有一个非常流行的看法，那就是认为大革命摧毁了旧制度，而建立了新世界。

记者：

难道不是这样？

托克维尔：

完全不是这样，大革命所要否定的，在大革命前也是非法的；大革命所要追求的，在大革命之前同样也是一种社会理想。大革命并没有改变什么，大革命后所建立的社会制度与大革命前的制度并无不同，人们的情感、习惯、思想都是完全相同。

记者：

不会吧？

托克维尔：

1789 年 8 月 11 日，胜利的革命者宣布“国民议会完全废除封建制度”，而我根据多年的档案研究则发现，在大革命中人们摇旗呐喊，口口声声要予以摧毁的封建的“旧制度”，在大革命之前的法国早就不复存在。

记者：

什么意思？

托克维尔：

在革命者的口中和笔下，摧毁阻碍法国历史进程的“封建制度”，正是法国大革命取得合法性的根据所在。不过认真研究一下，我们觉得这种说法仅仅具有文宣方面的价值，而实际上，这种说法并不符合历史的真实情况。当然，要弄清楚历史的真实情况是什么，首先我们就得必须弄清楚“封建”这个名词的特殊含义。

记者：

是这样。连“封建主义”是什么含义都没有搞清楚，还谈什么摧毁“封建主义”。那么什么是封建主义呢？

托克维尔：

革命者没有在他们的文献中说什么叫封建主义，我也没有专门研究过这个问题。为公平起见，我们就只能以当时两位权威的历史学家的言论作为讨论的基点。

记者：

我愿意仔细听听。

托克维尔：

你读过历史学家布洛赫的《封建社会》一书吗？

记者：

没看过。

托克维尔：

你看过基佐的《欧洲文明史》吗？

记者：

没看过。您就不要卖关子了，直接说吧。多看几本书也不至于那么显摆吧。我看过的书绝对不比您少。

托克维尔：

不好意思。我也难得找到一个人好好聊聊，多说几句你也不要见怪。那我就说啦。根据布洛赫的研究，“封建主义”这个东西，拉丁语“feodalis”（封建的）起源于中世纪，法语“feodalisme”（封建制度）可以追溯到17世纪，历经两个多世纪，封建主义这个词已经约定俗成，大体包含五点内容：（1）首领出自职业武士阶层；（2）封建社会的人际关系，是从属者与附近一个首领的关系。从这一层次扩展到另外一个层次，无限扩展出许多链条，把最低的和最高的联系起来；（3）从属关系的物质基础是土地。因为拥有土地，所以领主可以拥有部下；（4）封地的世袭继承权；（5）封臣承担多重义务。

记者：

那在大革命之前，法国不存在这种“封建主义”吗？

托克维尔：

不能说完全没有，而是说这种所谓的“封建主义”已经严重衰退。

记者：

那根据首相基佐先生的观点又如何呢？

托克维尔：

在基佐的笔下，一个典型的封建领主的生活状态是这样的……

记者：

什么样子？

托克维尔：

请看：他定居在一块孤立的高地上，并设法使这高地安全而强固。他在那里建筑了他称为他的城堡的房屋。与他住在一起的有他的妻子、孩子们，还有些其他的自由人。这些人虽然与他住在一起，与他在一起吃饭，但都依附于他，没有成为业主。

记者：

挺有意思。

托克维尔：

领主、领主的妻子、孩子们，和那些自由人构成城堡里的居民。在城堡的周围和脚下，有一小群佃农和农奴集合在一起，他们耕种这个封地所有者的领地。在这下层居民区的中心，教会建立了一个教堂，并派来一个教士。基佐的书还指出，在封建制度的初期，这个教士一般同时是城堡牧师又是乡村里的教师。不久这两个角色就分开了，乡村里有它的牧师，这些牧师就住在教堂的旁边。

记者：

基佐的书是这么写的，我看过。

托克维尔：

你看过，为什么说没看过？

记者：

逗你玩。

托克维尔：

可恶！

记者：

别当真。继续说吧。

托克维尔：

在这种封建主义下，人与人之间的关系就是一种压迫关系。

记者：

那根据您的考证，基佐所描绘的这种“封建主义”在革命前的法国存在吗？

托克维尔：

典型的封建制度，在14世纪的法国、英国和德国确实普遍存在。到了18世纪，英国和德国依然保留着这种制度，而在法国情况则发生了根本变化。

记者：

您是说，这种典型的封建制度在英国、德国与法国的存在情形是不一样的，英国、德国依然故我，封建制度依然铁板一块，而在法国，则大不一样？

托克维尔：

是这样，你概括的差不多，在大革命前的法国，无论是布洛赫笔下的“封建主义”，还是基佐笔下的“封建主义”，都陷入彻底的崩溃状态。例如，封建领主制度、农奴制不复存在，广大农民们已经享有对土地的处置权，小地产主比比皆是。作为一个阶层，贵族早已退出了历史舞台，早已远离国家管理。不仅如此，这些贵族阶层虽然还有一些经济特权，但他们的政治特权早就荡然无存，就连地方上的一些政治事务，他们也越来越无法参与了。

记者：

您的意思我明白，您要人们相信：法国的大革命者所宣称被他们废除的最典型的“封建主义”，在当时的法国几乎就不存在了，有也是残垣断壁，支离破碎，甚至面目全非。这些人之所以如此标榜，是为了让人们相信，他们之所以要发动大革命，目的是要铲除落后的封建主义，而为新社会的到来铺平道路。其实，这完全是一种谎言，完全是一种欺世盗名的宣传。

托克维尔：

这是你总结的。但是如果我把这点说出来，会有人跟我玩命的。

五　依然故我的中央集权主义

记者：

革命，在地球上的每一天都会发生，所有革命者都似乎会理直气壮地宣称他们建立了一个全新的世界，开端在此，一切从此与众不同。真的不同吗？大革命摧毁的是什么，又从旧世界偷偷继承了什么？一个所谓的新世界是如何建立起来的，它将给世界打上什么深深的烙印呢？

托克维尔：

你的问题简直是连珠炮，一个个问吧。我先告诉你，几乎所有被作为大革命成果甚或大革命战利品的一切，很大程度上在旧制度下就已经存在。

记者：

您是说大革命的发起者或者说参与者所要建立的某种新的制度，在大革命之前早就存在？例子呢？

托克维尔：

最明显的例子就是大革命建立起来的中央集权主义。

记者：

您是说在大革命前，这种中央集权制度就已存在？

托克维尔：

革命前，革命后，法国的中央集权主义几乎就是一模一样，如果说有什么不同，那就是革命后的集权主义更加变本加厉而已。

记者：

愿闻其详。

托克维尔：

在大革命之前，法国的中央集权制度就发展到了一个历史的巅峰，在这种制度下，王权居于法国中央集权体系的最高点，巴黎成为全法国唯一的大脑，唯一的灵魂。国王在巴黎，御前会议在巴黎，各路大臣在巴黎，各省的总督则由巴黎指定，全国的财富输送到巴黎，权力汇集到巴黎。至高无上的国王在巴黎监视一切，那些民众则随时准备听候来自首都的指导和调遣。

记者：

在这种体制下，地方自然也就不复存在了。

托克维尔：

是的，法国没有一个城市、乡镇、村庄、小村、济贫院、工场、修道院、学校能在各自的事务中拥有独立的意志，能够按照自己的意愿处置自己的财产。中央政府把全体法国人置于绝对的管理和监督之下，地方的权力和利益烟消云散。

记者：

您是说大革命后的法国政府也是如此？

托克维尔：

是的，大革命后的法国保留了革命前的中央集权制，还保留了之前的征兵制度，行政职位设置如此，官员数量之繁多如此，土地的过分分割如此，就连国家的监督管理制度、巴黎的独特地位都是如此，甚至连人们对官员的迷信程度、人们的各种习惯都没有多少改变。

记者：

我是一个盖房子的建筑商，您的观点能不能比喻成为这样：法国大革命就如同盖房子，它虽然拉倒了那些破旧不堪的旧房子，但不惜血本盖起来的新房子，毫无新意可言，根基还是原来的根基，材料依旧用的是原来的破旧瓦砾，就连房子的结构也与原来的一模一样，就连住进这些所谓新房子的人们的心境也是一样的，望着诉诸无穷心血建立的家园依旧如此古旧，灰色的脸上依旧看不到一丝丝的喜悦。星星还是那个星星，月亮还是那个月亮，爹还是那个爹，娘还是那个娘……

托克维尔：

历史的真相是：大革命后的每一个法国人，都争先恐后地抛弃了当初的理想，他们忘却了自由，做梦都想成为世界霸主拿破仑先生麾下一个彼此平等的仆役。大革命后建立起来的政府，比被大革命所推翻的政府更加强大得多，更加专制得多……

记者：

是这样？

托克维尔：

有人说法国大革命把法国推向一种彻底的无政府状态，这种说法有问题，大革命后的法国不是无政府，而是一个超强政府。

记者：

这种政府是通过什么路径建立起来的呢？

托克维尔：

其一，大革命的领袖们是利用了革命前的权力体制建立起了一个空前强大的大政府，它将从前分散在大量从属权力机构、等级、阶级、职业、家庭、个人，亦即散布于整个社会中的一切零散权力和影响，全部吸引过来，吞没在它的统一体中。在吸附和聚集权力方面，法兰西的新政权是青出于蓝而胜于蓝，所有的旧权力在其手里都得到发扬光大。其二，大革命取得胜利以后，重新把人民所获得的自由全部“回收”到自己的手中，并彻底取消了人民用鲜血换来的权利，只留下空洞无物的自由表象。这个专制政府一方面标榜建立了可以给予人民自由的普选权，一方面又采取种种卑劣手段让这些选举人既不明真相，又不能互相商量，不能进行自由选举。不仅如此，在这种专制制度之下，公民的自治权、思想自由权、言论自由权、著作出版权都成为可望不可及的奢侈品。好多天真的人不信邪，竟然真要行使他们的权利，行使他们的自由，结果脑袋被砍掉当足球踢，还不知道是怎么回事。

记者：

难道就没有什么不同？

托克维尔：

有两点不同：一是自罗马帝国崩溃以来，世界上还没有一个如此强大、如此野蛮的政权，这个政权，看其骨架，似乎有点脆弱，但就其权力含量，则比被其推翻的政府要强大百倍；另一点是，通过这场大革命，一些人从无产阶级成为了资产阶级，一些人从资产阶级成为了无产阶级，仅此而已。革命的终结意义就是：一些人舍了血本，一些人大发横财，从政治上看，谈不上有什么更值钱的追求。

六　暴力：让大家都疯狂

记者：

从您的《旧制度与大革命》，不难看出你对平民革命抱有深深的恐惧和仇恨。

托克维尔：

一想到革命，我的脑海里就会想起这场血腥的大革命给我们这个民族所造成的灾难。这是一次狂暴的动乱，在这场病态的狂暴面前，你如果不想狂暴，就只有死路一条，你将被狂暴彻底地吞噬掉。

记者：

您还会想到什么？

托克维尔：

我还会想起那些荒谬透顶的革命“理论”……

记者：

什么理论？

托克维尔：

就是那种变态的“平等理论”。

记者：

“平等”是一种再正义不过的价值追求了。您难道不赞同这个观点？

托克维尔：

我从未否定过平等理论的正义性，但是这种理论一旦与暴力结合、一旦引发仇恨，这个理论就成为一种邪恶的化身了。

记者：

不理解。

托克维尔：

这种理论说人是生而平等的，但是却无往而不在被侮辱被损害被掠夺的境遇之中。不公正是现实世界的本质，因此要想摆脱不公正的境遇，就必须彻底打破旧世界，而建立一个新世界。也就是说必须诉诸暴力。

记者：

马克思主义就是这么主张的。

托克维尔：

马克思主义？马克思和我是同时代人，我比他年长 10 岁，但我实在太忙了，根本没有时间关心他的著作。不过据我了解，这种理论控诉富人的腐朽与堕落，却纵容激发了穷人的贪欲，指责富人偷窃，却怂恿穷人去拦路抢劫。这种平等的概念是错误的，而一旦这种概念被诉诸暴力，就会产生前所未有的历史怪胎。法国大革命就是这种怪胎的最新标本。

记者：

什么样的怪胎？

托克维尔：

我赞同柏克所说的等级制，但是悖逆传统的激进革命铲除了社会中作为中介组织的等级和社团，从而使一个个软弱的个人直接暴露在强大的国家政权面前，由于失去了可以作为“次级权力”来牵制国家权力的贵族阶级和民间社团，国家权力便会空前伸张，从而会对个人权利构成致命的威胁，就会产生新的专制。这种新的专制在使一切人获得表面平等的同时，也被变成为拿破仑统治下的平等的奴隶。自由之路便畸变为奴役之路。

记者：

不过，很多暴力行为是由那些无耻的政客激化出来的。

托克维尔：

没错。我在议会里见过太多的党棍，这些人毫无参政议事的诚意，但却以煽动百姓走向街头为己任。这些人把民众当成随意玩要的猎物，却完全不去关心他们这样做会把民众引导到什么地方去，会把国家引导到什么地方去。

记者：

人民可是无辜的啊！

托克维尔：

人民希望过上好日子的想法极端正常，他们无非是希望自己有饭吃，自己的孩子有学上，但是一旦他们掀起暴力革命，就不知道自己干什么了，就会立即成为一群乌合之众，就会立即成为一群暴徒。说句心里话，我对那些两眼发直的所谓人民是不感冒的，他们不动脑筋，他们轻视法律，不是固步自封，就是喜欢蛮干。有时候时代大踏步前进了，但这些所谓的人民并没有什么改变。一些人整天忙于无聊的琐事，一些人像动物一般陶醉在悠闲自得的小康生活中。

记者：

我看您对人民始终是不相信，甚至是仇恨的。不说人民了，还说政客吧。他们也不想挑起革命啊！因为革命一旦闹起来，也会损害这些人的利益。

托克维尔：

没错。不管他们主观上是如何看的，但一次一次的革命的爆发，都与这些人的煽风点火有很大关系。

记者：

那不是搬起石头砸自己的脚了吗？

托克维尔：

真是好了伤疤忘了疼！

记者：

为什么？

托克维尔：

我不反对人性里面存有高贵的东西，但是人性中也不乏邪恶的因素。

记者：

我的看法比您更加悲观，我认为人性的本质是恶的。

托克维尔：

君子所见略同。一个良好的社会应该保护并鼓励高贵，禁锢或弹压邪恶。但是野蛮的暴力革命却把社会拖进混乱的无序状态，革命虽然往往号称要解放什么东西，其实最先解放的往往是人性中的恶。这种东西，我们不仅在普通的暴民身上看到，就是在那些趾高气扬的“在上者”身上也能看到，可以说随处可见。

七　旧制度：大革命的导师

记者：

您在著作第一章中开篇以一种无比庄严的语气居高临下地宣告：“没有任何事情比法国大革命更能提醒哲学家、政治学家要谦虚谨慎，因为从来没有比它更伟大、更源远流长、更酝酿成熟但更无法预料的历史事件了。”

托克维尔：

我说错了吗？

记者：

我没有说您说错什么，我只有一件事不太理解，想当面向您问个明白。

托克维尔：

不要客气了，说吧。

记者：

我看过好多史料，其中一份是《总汇导报》，是你们当时法国出版的报纸，上面刊登的是您在1848年二月革命和六月革命之前您在众议院发表的演讲词。

托克维尔：

还真难为你了，这些报纸我都没看过，当时兵荒马乱，哪有时间去买报纸。

记者：

这份报纸刊登了您的讲话，有两段是这么说的。

托克维尔：

说来听听。

记者：

一段您说："诸位先生，现在我把我深信不疑的事情告诉大家：我们正睡在火山上。我对此深信不疑。"

托克维尔：

我说过。

记者：

一段您说："从我们今天的现状来看，你们能够确信明天将是什么样子吗？你们能够知道从现在起一年之后、一个月之后或许一天之后法国将要发生什么吗？你们不知道，但你们知道暴风雨即在前方，正向你们刮来。你们就听任它来袭吗？"

托克维尔：

我说过。

记者：

听众的反应？

托克维尔：

多数人暗暗嘲笑我，反对我的人不客气地鼓掌起哄，我的几位朋友事后教训我说我喜欢卖弄华丽的辞藻，无的放矢。

记者：

一句话，没人理您，是吧？

托克维尔：

是的。除了不怀好意的掌声，就是不怀好意的嘘声。好朋友中也没有人敢为我说话。

记者：

我纳闷了：你们法国众议院里面的人，虽说不是个个都是精英，但尸位素餐者毕竟不多吧。对即将到来的大革命，他们为什么一点预感都没有，而您却竟然以斩钉截铁而毫不谦虚的语气告诉人们：法国大革命的火山即将爆发。实践证明您是对的，而别人都是错的。我想知道：您何以如此神猛，预言如此精准？

托克维尔：

你也不用调侃我，我毫不客气地告诉你，也只有我第一个预言了大革命的来临。

记者：

您的鼻子何以如此敏锐，竟让您闻到了别人闻不出来的味道？您何以如此火眼金睛，别人眼前一片模糊，而您却能洞察一切？

托克维尔：

学者的任务在于解释这个世界，我的解释对不对你可以研究。如果你顺着我的思路思考下去，我相信你迟早会接受我的观点的。

记者：

关于大革命的成因是一个老问题了，相关的理论也是五花八门，希望您的解释有点新意。您说得对我就接受，您说得不对我就不接受。

托克维尔：

你的学术态度很好，我相信如果你继续搞下去，定会达到一种极高的境界。

记者：

我一般化，说您的高见如何？要点。

托克维尔：

我的观点就是：导致法国大革命突然爆发的根本原因，不在于我们在上面提到的所谓“封建主义”之中，在这里我们找不到革命的根本原因。

记者：

那在什么地方？

托克维尔：

其原因在于大革命前已经存在的那种王权制度，这种制度的核心原则就是集权，如果依照法国大革命的标准来看，这种制度不是所谓的旧制度，而恰恰就是那些革命者口口声声所要建立的“新制度”。

记者：

很荒唐吧？您是说，大革命的原因不是封建主义，而是集权主义。大革命是集权主义，大革命后也是集权主义，也就是说，革命的祸根就在大革命之中。

托克维尔：

你的用词不尽准确，但基本如此。

记者：

那您得说清楚，何以中央集权制度必然导致大革命的爆发？

托克维尔：

中央集权制度最基本的特征就是在强大的中央政府面前，每个个体都是微不足道的小蚂蚁，这些小蚂蚁被剥夺了自由，被剥夺了财产，在这种制度下，人与人之间不存在任何信任，每个人都仇恨权力，但谁都愿意成为权力的组成部分，谁都希望借助权力的支持而成为他人的统治者。在这种畸形的体制下，每个人都是怒不可遏的反叛者，他们满怀着怒火，满怀着咬牙切齿的仇恨，不折不扣地成为专业的“革命者种族”，一旦遇到风吹草动，自然就会闻风而起，而走向街头，拉起革命的大旗，轰轰烈烈地干起来。杀人、放火、抢劫……无恶不作，一切都是那么顺理成章，天经地义。这时候，那些痞子、无赖自然就会沉渣泛起而成为革命的急先锋。一些唯恐天下不乱之徒便乘机煽风点火，在这些革命领袖的推波助澜之下，整个社会犹如干柴烈火，随时随地会陷入动乱之中。

记者：

您说的这些不能说没道理，不过我得慢慢思考一下。按照您的逻辑，大革命本身就是大革命的产物，只要这种变态的大革命的逻辑得不到彻底的变更，大革命的危险时时都存在。

托克维尔：

在这种致命的恶性循环中，集权者自称要去治疗的任何一种邪恶，都比不上集权主义本身那样坏。革命者带来的暴政要远远比他们所要反叛的那些暴虐行为还要糟糕千万倍。真正的问题就在这里。

八　革命：往往发生在政治变革之初

记者：

根据众多学者的研究，革命一般是在最黑暗的时代发生，人们习惯于把革命即将爆发的时代称为“黎明前的黑暗”，当然，说这句话，也意味着革命将使人们告别黑暗，走向解放，走向光明。是这样吗？

托克维尔：

这是一种最流行的浪漫想象，但与历史的真相和逻辑并不吻合。

记者：

历史的真相是什么？历史的逻辑又是什么？

托克维尔：

结论就是一句话：革命并不是发生在所谓的最黑暗的时代，而往往是发生在压迫开始减轻，甚至开始走向开明的时刻。

记者：

您这个观点委实另类，听了让我心里咯噔一下，如果让那些积极推进改革的开明人士听到的话，他们会惊得说不出话来。

托克维尔：

这不是什么观点，而是一种客观存在的历史事实，从逻辑上讲也是顺理成章的事情。

记者：

是这样？

托克维尔：

你不了解法兰西，你对法兰西的理解不是通过你们的历史教科书，就是马克思写的关于巴黎革命的几篇文章，我要告诉你，历史远不是那个样子。

记者：

您分析得没错，我真的没有别的渠道去研究你们法国。

托克维尔：

大革命前的20年，可以说是法兰西和平和迅速发展的20年。我所搜集到的各种数据表明，这时法国无论是在工业、贸易上都出现了前所未有的繁荣。不仅如此，路易十六这些统治者也开始出现自我限制的好迹象。可以说，大革命前的20年里，法国社会里对自由和人的生命的尊重经常可见。统治者已经一改以前对被统治者疾苦漠不关心的状况，而开始关心普通百姓的生活了。

记者：

如果是真的话，还有点意思。

托克维尔：

本来就是真的。更加令人吃惊的，法兰西的国王们虽然继续以主子的身份对百姓发号施令，但他们也开始倾听公众舆论，不断向公众进行咨询，并在特定事情上表现出难得的敬畏和恭维。

记者：

您是说，在法国大革命前夕，法国是处于有史以来最开明、最繁荣的历史阶段。

托克维尔：

就是如此，信不信由你。

记者：

但为什么恰恰在这个时候革命不期而至呢？按照我的理解，既然统治者已经开始主动进行社会调整，无论就生产力与生产关系的矛盾，还是就社会矛盾的变化来看，应该说比以前缓和多了，就不应该有革命出现啊。

托克维尔：

这个道理很简单，你们中国爆发的许多次大革命也是在这种时候发生的。

记者：

您说哪一次大革命？

托克维尔：

如你们常说的辛亥革命就是如此。

记者：

中国的问题比较敏感，不说中国，还是说你们法兰西吧。

托克维尔：

要弄清楚法国大革命发生的真正原因，就得从法国大革命之前社会心理的巨大变化说起。

记者：

社会心理的变化?

托克维尔：

任何革命的发生并非总是因为人们的处境越来越坏。最经常的情况往往是……

记者：

往往是什么?

托克维尔：

最经常的情况往往是这样的：一向毫无怨言仿佛若无其事地忍受着最难以忍受的法律的人民，一旦感到法律的压力稍有些减轻，他们就将它猛力抛弃。革命往往就是这么突然降临到人间的。

记者：

您的意思是不是说：即便是在坏的政府下，如果统治者一意孤行推行其恐怖政策，人们即使有些怨言，也会忍辱负重，而不会轻易发动革命。而一旦政府进行某种程度的改革，给人们一定的自由，人们反而会觉得一切都难以容忍。

托克维尔：

是这样。革命并非总是发生在最坏的社会里，相反总是发生在社会开始变好、已经变好的时候。因为只有此时，人们才有勇气向往变革，才有勇气对一切苦难提出挑战，才有勇气向不合理的政权发起进攻，这就是革命。

九　改良与阶级合作：唯一正确的选择

记者：

您是如此地仇恨革命，那我问您：您认为一个社会无论如何堕落，都应该让其存在下去，那社会还能进步吗？结合您的语言，能不能这么说，一种旧制度，不管怎么陈旧都应该让其永远地存在下去？

托克维尔：

对于旧制度历来有两种态度，一种是以革命的手段予以摧毁，这种手段往往是不仅摧毁不了旧制度，反而造成社会的全面崩溃。一种是主张采用鸵鸟战术，也就是将头埋到沙子里，任凭风吹雨打就是置之不理，这种做法无异于等死。

记者：

那如何化解呢？

托克维尔：

改革，建立在各个阶级和阶层理性协商基础上的改革，是唯一的道路。

记者：

阶级是不同利益集团的代名词，您认为不同的阶级之间能存在沟通协调与合作的可能性吗？

托克维尔：

当然有可能，而且也是必须的。不同的阶级虽然具有各自不同的利益诉求，但是这并不意味着不同阶级之间的关系除了水火不容相互战争外，就不会有别的关系。

记者：

您的意思是说：不同的阶级之间可以进行某种程度的合作，而不是你死我活的战争。

托克维尔：

亚里士多德在《政治学》中多次强调说，任何单一阶级行使的统治，或者任何宣称由单一阶级行使的统治都是极端危险的。理想的国家政体也即是政府形式应该是混合式的，应该遵循中庸原则。不同的阶级应该也是可以生活在一起的，他们完全可以有共同的行动，有共同的事业。国家就是不同阶级进行沟通和交流的平台。我还想再强调一下，一个国家能否摆脱大革命的伤害，完全取决于各个阶级能否摆脱私欲的左右而进行理性的协商，并进行和解性的合作。毫无原则、毫无节制地鼓吹阶级斗争，只会把一个好好的国家送上不归之路。

记者：

会不会又是一个乌托邦？

托克维尔：

如果这还是一个乌托邦的话，那么毁灭就只能是唯一的选择了。

附：托克维尔简传

亚历西斯·德·托克维尔（1805～1859 年），法国的政治思想家和历史学家。他最知名的著作是《论美国的民主》以及《旧制度与大革命》，在这两本书里他探讨了西方社会中民主、平等与自由之间的关系，并检视平等观念的崛起在个人与社会之间产生的摩擦。在《论美国的民主》一书里，托克维尔以他游历美国的经验，从古典自由主义的思想传统出发，探索美国的民主制度及其根源，这本书成为社会学的早期重要著作之一。托克维尔提出以私人慈善机构而非政府来协助贫穷人口的主张，也对于日后的保守主义和自由意志主义有着深远影响。托克维尔曾积极投入法国政治，包括了从七月王朝至第二共和国，但在 1851 年的政变后他便退出了政坛，并开始撰写《旧制度与大革命》，但只完成全书的第一卷便与世长辞。

第十六章

正义：政治的第一德性

——对话约翰·罗尔斯

引　子

作为一个学者，约翰·罗尔斯所取得的成就令人瞩目。他的《正义论》仅英文版就卖了40万册，并被翻译成28种文字，这个业绩至今在哈佛大学还没有人超越过。罗尔斯与德国的康德和黑格尔一样，都是纯粹的学者，一辈子都是从学校到学校，除了研究就是写作，似乎没有干过什么别的事情。但罗尔斯又并非只是一个纯粹的学者，他谴责越南战争，反对美国的强制征兵制度，他对基督教也同样予以强烈批评。在罗尔斯看来，大多数人把最宝贵的时间都浪费在最没有价值的事情上了。终其一生，罗尔斯都在思考这样的问题：什么样的人生才是最值得过的人生？什么样的政治才是真正符合正义的政治？康德是罗尔斯的学术前辈，但罗尔斯的很多思考似乎更加贴近地气。在笔者看来，罗尔斯的理论中，最值得关注的或许是他对如何建立一套保障最弱势群体利益的政治机制的研究。

一　基督教：邪恶的思想

记者：

西方学者十之八九都是基督徒，您应该也是吧？

罗尔斯：

是的，在1943年2月以前，我是一个标准的、正统的圣公会教派的基督教教徒，我的学士学位毕业论文也是因研究宗教而拿下的，大学毕业后，我还一度计划毕业后当一名神职人员。

记者：

为什么要强调1943年2月这个节点呢？

罗尔斯：

因为我在这个时间应征入伍，成了一名军人，从此我对宗教的感情一天天在发生变化，几年后，那种神圣的感情已经荡然无存了。作为最高神意的基督教在我眼中已经是一种邪恶的思想，每想到我竟然一度想当个神职人员，我就感到恶心。

记者：

我曾经看过您于20世纪90年代写的一篇文章《我的宗教》，您在里面对此作了一些说明，那篇稿子似乎从未发表过，我想当面问您到底是什么原因促使您放弃了基督教？

罗尔斯：

不愧是媒体人出身，你总会见缝插针。我告诉你，我对基督教信仰的变化也不是一天发生的，它经历了一个不长不短的过程。在这个过程中，有三件事很关键。

记者：

哪三件事？

罗尔斯：

基内山脊见闻，朋友迪肯之死，针对犹太人的大屠杀事件。

记者：

愿闻其详。

罗尔斯：

先说基内山脊见闻吧。

记者：

好的。

罗尔斯：

1944年12月中旬，我们美国军队第32师第128兵团的F连经过艰苦奋战，最终拿下被日本人占领的基内山脊，我们终于可以松了一口气，站在山脊上俯瞰山脊下莱特岛的柠檬镇。一天，一位路德宗的神甫来到我们的山脊上，为我们这些士兵做布道。

记者：

真难为这位路德宗的神甫了。这位神甫说什么？

罗尔斯：

这位神甫对我们说，上帝让我们的子弹瞄准日本人，而上帝也保护我们美国士兵不被日本人的子弹射中。

记者：

多么美好的祝愿啊！你们这些随时会被敌人射中的士兵应该感到高兴啊？

罗尔斯：

当我听到这位神甫的话时竟是那么的怒不可遏。

记者：

怒不可遏？

罗尔斯：

是的，怒不可遏。现在回过头来想，我当时的反应或许是正常的。这些神甫说的话明明是假话，他不过是要来安慰我们这些人，他们竟然说得那么虔诚，真是虚伪透顶。他们是对神意的曲解，基督教真的不应该被用到这个地方。我第一次对基督教的价值产生怀疑了。

记者：

您的朋友迪肯是怎么死的？

罗尔斯：

1945 年 5 月，地点在菲律宾吕宋岛的维拉修德小道，迪肯是我的好朋友，我们住在团队里的同一个帐篷内。一天，一个军士过来找到我们，说要找两名志愿者，一个随上校走到能看见日军位置的地方，另一位去附近的野战医院为一位急需输血的伤员输血。我们都同意了。如何分配则取决于看谁的血型正好与那个伤员所需要的血型相符合。由于我的血型与伤员的血型相符合，而迪肯的血型不符合。于是迪肯就随上校去了。糟糕的是他们的行动被可恶的日本人发现了，日本人用 150 迫击炮朝他们打来，他们两人跳到一个散兵坑里，敌人的炮弹也跟着落到那里。他们当场都被炸死。我悲痛不已，久久很难从悲痛中解脱出来。

记者：

在战场上，死亡是分分钟钟都会有的事情，您的反应似乎有点不太正常吧？

罗尔斯：

你说得也没错，我的痛苦或许并不是针对简单的死亡，背后或许有别的原因。想到后面发生的第三件事，我终于明白了，这种痛苦是来自于精神层面，来自于信仰层面的痛苦。第三件事就是血腥的虐犹大屠杀事件。

记者：

说说。

罗尔斯：

我们这些兵士在战场也有看电影的机会，通过看电影我看到了美国军事情报处关于德国人大肆屠杀犹太人的新闻报道，这件事对我触动最大，直接对我的基督教信仰构成莫大的冲击。

记者：

如何解释？

罗尔斯：

通过这几件事情，我常常想，既然上帝具有无限的能量，我们就完全可以通过祈祷来拯救人类。但是，希特勒法西斯政权屠杀了那么多的犹太人，竟然没有什么力量出来干预，无限的神到底干什么去了？很显然，说神意无限是骗人的鬼话。从那以后，我就开始对神与上帝产生了怀疑，基督教的教义对我越来越模糊，越来越陌生了……

记者：

于是您后来干脆就抛弃了基督教，甚至说基督教是一种邪恶的主义了……

罗尔斯：

你信奉基督教吗？

记者：

我什么教也不信，什么主义也不信。

罗尔斯：

这样也好，否则你也会遭遇与我一样的痛苦。

二　越战与美国宪政的缺陷

记者：

听说您反对越南战争？

罗尔斯：

是的。从越战爆发的那一天起，我就公开站出来指责美国政府发动的这场战争是非正义的战争，1957 年 5 月，我还与我的同事们一起参加了华盛顿反战会议。1959 年春季，我还在哈佛大学专门开设了一门“战争问题”课程，引导学生们就美国参战及参战方式是否符合正义进行思考和研究。

记者：

听说您的课程还没有上完就停了，什么原因让您把课程停下来的？是美国政府给您施加了什么影响？

罗尔斯：

有 1/4 的课程没有上完就停课了，原因与政府无关，是因为学生罢课造成的。没有学生上课，我讲给谁听！

记者：

关于越南战争，有一个问题我一直没思考清楚。

罗尔斯：

什么问题？

记者：

既然大多数民众都反对这场战争，但为什么就无法阻止这场战争的爆发？

罗尔斯：

这个问题挺有意思。类似的事情很多，明明大多数人都强烈反对，但偏偏就会发生，谁也无法阻止这些事。我研究发现这与美国的宪政体制有关。

记者：

宪政体制？

罗尔斯：

在美国，财富分配是极其不平衡的，有的人富可敌国，有的人一贫如洗，捉襟见肘的社会保障制度根本无法改变这种现状。美国的宪法最早就是由一帮富有者秘密制定出来的，很多条款都是按照有利于富有者的意志而设计的。例如，美国宪法允许有钱者和有钱的公司以捐款的形式去支持自己的候选人，这样一来，军工企业就可以掌控政府的决策，让有利于自己的决策得到实施。越战的背后就是一批嗜财如命的军工企业。

记者：

您是说，美国的宪政制度让事实上的不平等合法化，而恰恰就是这种因财富的不平等导致的政治上的不平等，决定了美国的政治是按照少数富有者的意志在运转。

罗尔斯：

按照我的理论，一个人，无论是来自于哪个阶层，不管是富有者还是贫困者，都应该享受基本相同的政治权利，都应该具有基本相同的权利去影响着国家的大政方针。美国的宪政是财富主导型宪政。这种制度不做调整，类似的越战还会再度发生。

三　强制性兵役制背后的不公正

记者：

你们美国的法律规定，所有不满 26 岁的男子都必须服兵役。你们的国防部则决定不征募成绩优良的学生，看来你们国家的法律还是挺有人性的。

罗尔斯：

确实挺有人性，但是却非常地不公平。

记者：

为什么？

罗尔斯：

在我们美国，几乎所有的人都不想去服兵役。但是贫穷人家的子弟，则不得不去服兵役。这些人家庭经济状况不好，无法让孩子获得良好的教育。那些办事死板的教授们就不可能给这些人家的孩子什么好成绩。而对于那些富裕人家的孩子，他们有足够的金钱把自己的孩子送到哈佛，送到牛津，送到剑桥，他们的成绩就不可能不好。因此，他们就可以逃避兵役的。所以我说这种兵役制是不公平的。

记者：

那怎样才能算是公平的呢？

罗尔斯：

当兵面前人人平等，应该用抽签来决定谁应该去当兵，谁不应该去当兵。

记者：

您的建议有人听吗？

罗尔斯：

我们的司法部长曾经来哈佛征求过我们的意见，我提了这个意见，他并没有表态，他希望教授们充分研究这些意见，但哈佛的教授们并不赞同我的意见。可见，诸多不正义与美国的宪政制度一样，广泛得到诸多知识分子的容忍，甚至是明目张胆的支持。

四　功利主义的功利性

记者：

任何社会都非常重视公共资源的分配问题。据我了解。在你们西方的传统中，有关分配的公正问题，历来似乎有两种理论主张。

罗尔斯：

一种是功利主义，一种是契约主义。

记者：

契约主义曾经在 17 到 18 世纪占据统治地位，而到了 18 世纪以后，一直到今天，功利主义理论则占据主导地位。通过看您的书，感觉您似乎对功利主义理论颇有微词，而对契约主义理论则情有独钟。何故啊？

罗尔斯：

我的学术研究就是要通过继承契约主义的理论传统，而建立起一套能够取代功利主义的新型正义理论。

记者：

功利主义理论到底有何瑕疵？

罗尔斯：

功利主义理论的核心思想就是把追求最大多数人的最大幸福作为评价社会政治法律制度的根本标准。按照这种理论，为了大多数人的利益，国家有权利去牺牲少数人的自由和权利。而在我看来，无论是作为多数人的个人，还是作为少数人的个人，其权利和自由都应该是平等的。多数人既不能以牺牲少数人的自由和权利为代价去实现自己的权利和自由，少数人自然也不能以牺牲多数人的自由和权利为代价去实现自己的权利和自由。否则，这个制度设计就是不公正的，就是不正义的。

记者：

所以您要创新您的正义理论，用您的理论去覆盖功利主义理论。

罗尔斯：

没错。

五　最小受害原则

记者：

在我看来，与那种纵容一小撮人欺凌大多数人的专制制度比较起来，一种社会把多数人的利益放到首要地位，无疑也是一种历史性的进步。

罗尔斯：

功利主义所主张的最大多数人的最大幸福，这是一种主张，但更是对于人类处于最原始的自然状态下心理状态的一种假设。不过我要告诉你，作为一种主张，无可厚非，但作为一种假设，则是一种想当然的假设。

记者：

那您认为人类在一种最自然的原始状态下，应该是一种什么样的心态呢？

罗尔斯：

在最初的自然状态下，人类社会的组成模式是一种自由组合的模式，在这种模式下，参加签订社会契约而组成社会的各方都是彼此平等的，也都是富有理性的。

记者：

人本来就是一种理性的动物嘛。

罗尔斯：

每个人都理性而彼此平等，但每个人也不知道自己在社会中的地位、身份、天然资质和自然能力的限度。

记者：

在这种状态下，人的心理状态会如何呢？

罗尔斯：

这种状态下，人类的行为选择所遵循的并不是什么利益最大化原则。

记者：

那是什么原则？

罗尔斯：

是最小受害原则。

记者：

最小受害原则？什么意思？

罗尔斯：

所谓最小受害原则，其意思是：每个人首先想到的并非如何保护自己获得最大限度的利益，而是如何尽可能避免自己受到损害。用博弈论讲就是“最大的最小值”规则。

记者：

理解起来有点费劲。

罗尔斯：

其实没那么复杂，通俗一点说就是在各种可能的坏结果之间，选择相对最好的那一个。

记者：

似乎明白了不少，这就是您理论的出发点？

罗尔斯：

委实如此。

六　一个“罗尔斯式”的社会

记者：

看您的书，与阅读康德、黑格尔的书的感觉一样。

罗尔斯：

什么感觉？

记者：

累心！我敢说，您的书扔到中国的大街上也没有人去捡，即使有人捡起来也是当废纸用的，不会有人看的，除非是我。我问您：一个什么样的社会才是您心目中的理想社会？符合您所说的正义理念的社会到底是一个什么样子的社会？

罗尔斯：

我心目中的理想社会应该符合如下两大原则：第一个原则是平等自由的原则。

记者：

何谓平等自由？

罗尔斯：

也就是说在自由面前人人平等。

记者：

在这个原则主导下的社会会是什么样子呢？

罗尔斯：

依据自由面前人人平等原则，社会中的每个公民都享有平等的自由和权利，这些自由和权利中最主要的是政治权利，包括选举和被选举权、言论自由权、出版权、私有财产和人身安全等权利。对于每个人来说，这些自由和权利都是最基本的自由和权利，都是不可侵犯，也是不可转让的。任何人的自由和权利都不得以所谓的经济繁荣和社会发展为借口而被剥夺或者取消。

记者：

一句话，自由面前人人平等，若是君主，大家便全是君主，若是奴隶，大家也便全是奴隶。

罗尔斯：

如是奴隶，就不存在什么自由和权利了。

记者：

还有呢？

罗尔斯：

你老是插话，把我也说乱了。

记者：

对不起，说第二个原则，不乱了吧？

罗尔斯：

第二个原则就是机会的公平平等原则和差别原则的结合。

记者：

非常拗口，很难理解。

罗尔斯：

好多人都说这个原则理解起来比较费劲，我给你好好解释一下如何？

记者：

好啊。

罗尔斯：

我说在一个社会某个特定时期，可以用于公民享用的自由和权利的总量是固定的，你同意吗？

记者：

自由与权利看似一个抽象的名词，其实完全可以物化为一些具体的可以度量的东西。我同意您的看法，在一个社会的特定时期，这种可以物化、可以度量的自由和权利是有一个基本固定的值。

罗尔斯：

如果这种自由和权利拥有无限的量，如财富是无限的，土地是无限的，那么每个人都会心满意足，就不可能存在矛盾和冲突，人人都安居乐业，遗憾的是这种状况永远也不会出现。人的欲望与社会所能提供的自由和权利之间永远是一对矛盾，只要有人在，这个矛盾就将永远存在下去。

记者：

如何处理这个矛盾呢？

罗尔斯：

我提出的第二个原则就是为了处理这个矛盾的。

记者：

请详细说说。

罗尔斯：

从理论上讲，人类天生是自由的，是平等的，但是在现实中，人与人之间是不平等的，人人也都是不自由的。面对这种政治不平等，面对这种经济不平等，面对这种文化不平等……

记者：

怎么办？

罗尔斯：

需要把两个原则结合起来处理。

记者：

哪两个原则？

罗尔斯：

我已说过，一个是机会平等原则。当政治上和经济上的公共福利不足以让每个人都获得满足的时候，就要确保让每个人在获得享受这些福利的机会保持均等，而不能剥夺某一部分人的机会。

记者：

机会面前人人平等呗？

罗尔斯：

你归纳得挺好，第一个原则是自由面前人人平等；第二个原则里面的机会平等原则就是机会面前人人平等。

记者：

那差别原则如何理解呢？

罗尔斯：

这个原则就是针对机会面前人人平等原则的一个例外。

记者：

例外？

罗尔斯：

人人在先天上存在着很多差异，为了保障那些弱势群体的利益，就可以给予他们更多的机会。也就是说也只有在给予特殊的弱势群体特殊照顾的情况下，才可以不执行机会面前人人平等的原则。通俗点讲，也就是为了弱势群体，可以来点特殊。

记者：

明白您的意思，真是一个菩萨心肠。

罗尔斯：

不管是不是菩萨，我心目中的正义社会，也就是一个组织良好的社会，在分配权利义务方面就是符合如下四大条件的社会：（1）平等地分配权利和义务，保证每个人享有最大限度的自由和权利；（2）对于那些无法做到完全平等的社会和经济利益，主要包括权力、地位、收入和财富的分配，要设法保证机会平等；（3）由于能力和天赋的影响而产生的不平等分配，必须以有利于最少受惠者（至少不伤害）为条件；（4）人们为了合作而组成社会，社会是一个共同的资产和理应共享的资源，那些先天有利的人，由于更多地使用社会资源而获得更多的收益，他们理应对最少受惠者给予必要的补偿。

记者：

似乎是一个十足的乌托邦。

罗尔斯：

你说的没错，这就是我的乌托邦理论。所谓乌托邦就是当下还没有实现，当下有了，我再去劳心费神地研究就毫无意义了。乌托邦的价值就是站在更高的层次上引导社会的前进。我一辈子都喜欢埋在这个乌托邦的理想中。

七　正义的宪法

记者：

我是学习法律的，我感到您的《正义论》中蕴含着丰富的法治资源。

罗尔斯：

从我的正义理论中，自然会推演出很多法治原则。

记者：

说说看。

罗尔斯：

从我的正义理论中可以推演出“应当意味着能够”的准则。

记者：

什么意思？

罗尔斯：

作为公民整体代表的国家不应当对公民提出不适当的要求，在你们中国有一句话叫做“不教而诛”，这是一种不正确的做法，公民什么都不知道，你要他遵照什么去安排自己的行动，他连什么是对什么是错都不知道，你就动辄对他予以处罚显然是不对的。法治国家要求公民去做的应当是在合理预期范围之内公民能够做到的，同样国家要求公民不去做的也应该是在合理预期范围内公民可以不去做的。

记者：

言之有理。还有呢？

罗尔斯：

从我的理论中还可以推演出“类似情况类似处理”的准则。

记者：

这个好理解，这个准则的核心思想应该与法律面前人人平等差不多吧？

罗尔斯：

是的。第三个可以推演出来的原则就是“法无明文规定不为罪”准则。

记者：

这个原则也好理解，它应该包含这样几层含义：法律应该得到经常性的公开性的宣传，人人都能理解法律的含义；法律条文的制定应该浅显易懂，最普通的公民也能理解这些条文；法律的制定应该具有最大范围的普遍性，而不是针对某些特定的人群；刑法的执行和实施不应该涉及既往的过错。还有任何政府都不得强迫公民自证其罪行……

罗尔斯：

不用再展开了，你归纳的这几句话，我看很专业，看来你还真研究过法律。

记者：

那在您的心目中，如何根据您提出的正义理论来设计国家的宪法呢？

罗尔斯：

宪法的制定和实施是法治过程的中心环节，这个过程必须经过这样四个阶段：（1）订立社会契约前的所有社会成员必须恪守我反复强调的两个正义原则；（2）人们召开立宪会议，确定政治结构的正义并抉择宪法；（3）人们根据宪法制定符合正义的最佳法律和政策；（4）法官和行政官员把制定的规范运用于具体案件，而公民们则普遍地遵循这些规范。

记者：

我是说符合您所说的正义的宪法到底是什么样的宪法，如何才能制定出这样的宪法？

罗尔斯：

我知道你的意思。一部正义的宪法应该满足这样几个条件：首先，正义的宪法应当是一种满足平等自由的正义程序的法律；第二，正义的宪法应该这样构成：在所有可行的正义安排中，它比任何其他的安排更可能产生出一种正义的和更加有效的立法制度。

记者：

您的语言总是那么难以理解，您告诉我采用什么样的立法制度才能制定出符合正义的宪法？

罗尔斯：

为了制定出符合正义的宪法，必须贯彻平等而自由的参与原则。国家要保证所有的公民都可以平等地参与立法过程，立法不应该成为少数精英们的事情，不能关起门来立法，全体国民都应该是立法主体。唯有如此，才能保证立法的正义性。

八　公民不服从或非暴力反抗

记者：

您在书中一会儿论证要“服从一种不正义法律的义务”，一会儿又论证

"非暴力反抗"和"良心拒绝"，您的观点到底是什么？

罗尔斯：

你的眼睛真的很毒啊。苏格拉底曾经说过，对于人类而言，唯有致力于对真理的探索生活，才是真正值得过的生活，唯有这种生活才是正直的生活，其他都是浪费生命。因此，对于一个城邦的国民来说，什么东西最有权威？那就是真理，唯有服从真理才是最有价值的。

记者：

苏格拉底说得很漂亮，但他做的并不光彩啊？明明判处他死刑的判决不公正，明明他有机会不服从这个判决，但他却拒绝这样做，他还有什么资格说只服从真理，只服从正义呢？这不是唱高调吗？

罗尔斯：

苏格拉底有他的局限性，苏格拉底尊重国家的权威，甚至愿意为此付出生命，但并不表明苏格拉底赞成非正义的东西，更不意味着他会躬行不正义的行为。

记者：

说别人如何？还有谁说过类似的话？

罗尔斯：

我虽然讨厌基督教，但基督教所主张的只服从神而不服从人间君主的思想我是赞成的。是基督教而不是别的什么团体，在西方世界掀起了真正的第一次的公民不服从运动。西方学者梭罗在《公民不服从》中庄严提出："我不要求立即取消政府，而要求立即有个更好的政府"，说的也是这个意思。

记者：

您的意思是说对于任何不正义的东西，无论是个人，还是政府，公民都有义务和权利予以抗拒和不服从。

罗尔斯：

正是。

九、未来世界更需要正义

记者：

您的《正义论》写作态度一开始就是高高在上、旁若无人、自说自话的架势，哈贝马斯说您的书就是一本“独白式”著作，真是一针见血。这本书从概念到概念，从理论到理论，从体系到体系，从一般情理来看，是没有多少人愿意看这种书的，但是您的书，不仅学术界的大佬们当做宝贝阅读，就是美国最普通的老百姓也非常喜欢，可以说是雅俗共赏，无论是庙堂之上的达官贵人，还是江湖之远的平民，都是您的忠实粉丝，有好多人简直就是“骨灰级”粉丝，您分析过其间的原因没有？

罗尔斯：

就著作之多，我还真不是你的对手，我一辈子就是写了几十篇文章。

记者：

我都收集了。我感觉您的《正义论》似乎就是您已经发表过的论文的汇编，不过确实系统化很多。

罗尔斯：

没错，不是似乎，就是如此。

记者：

如今一些流行歌手，靠一首歌吃一辈子饭，您一个大学问家，竟然也是这样，您说说，您为什么靠一本书就能红红火火一辈子？发行量达 40 多万本，哈佛大学无人能比！

罗尔斯：

你出版的书很多，但买的人没几个，我知道你很羡慕我的发行量。你是出力不讨好，我是名利双收，是不是？

记者：

有一点。就枯燥程度，您的书比我的还厉害，我就不明白，为什么看您书的人那么多？您分析分析其中的原因。

罗尔斯：

我的书流水线长，涉及专业广，方方面面的专家学者都愿意看，进而会引来更多的人看，这可能是原因之一。

记者：

或许是。您的《正义论》，可以说是一本伦理学著作，可以说是一本政治学著作，可以说是一本法学著作，也可以说是一本社会学著作，当然，说是一本经济学著作也行。

罗尔斯：

是这样，当然，在我看来，我的书首先是一本伦理学著作，出发点是道德，是伦理。但因为我研究的是公共资源和权利义务的分配问题，就不可能不涉及到方方面面的专业知识。这样一来，它就成了百科全书，就引起好多人的关注了。还有一个原因，我分析是这本书抓住了社会的热点，抓住了社会的焦点，触及到人们的敏感部位，自然引起人们的关注。

记者：

或许是。

罗尔斯：

我那些论文和《正义论》写作时间，正好与美国社会处于一个多事之秋这个时期重复。上世纪50年代，美国外有朝鲜战争，内有麦卡锡反共运动。到了60年代，美国外有古巴导弹危机、越南战争，内有民权运动、黑人运动、校园学生运动，尤其是美国的贫富悬殊发展到一种让人胆战心惊的程度，资产阶级与赤贫阶级的对立也到了一种极端态势。可以说，各种各样的不正义叠加在一起，足以让美国走向崩溃。我的《正义论》谈的就是如何解决社会分配中的不公平，如何建立一个公平正义的社会，它触及美国社会的痛处，也挑战了美国人的梦想。

记者：

但问题是您的《正义论》，与柏拉图的《理想国》一样，用的词汇，用的概念，用的思想，好像都与现实无关似的。

罗尔斯：

好多人说我的书是乌托邦，他们是从贬义上说的，意思就是胡思乱想，根本不具有现实的可能性，这点我不同意。但如果用乌托邦说这种理论是高瞻远瞩，不拘泥于现实，那我就同意这种说法。理论就是来解释世界，指引世界前进的，有时候，理论思辨的程度愈高，它愈能看清现实的原貌。相反，太过贴近现实的理论，恰恰什么都看不清。站得高看得远就是这个意思。身临其境的美国人拿到我的书，他们能把我书中的每个字，即便是最抽象的几个名词，也能与现实的残酷联系在一起。心有灵犀一点就通。

记者：

如果是这样，美国人热捧您的《正义论》就不足为怪了。

附：罗尔斯简传

约翰·罗尔斯（1921～2002年），出生于美国马里兰州的巴尔的摩，二战时入伍服役于太平洋战区，后来拒绝升军官的机会以士兵身份退伍回大学念书。罗尔斯1943年毕业于普林斯顿大学，1950年获该校哲学博士学位，先后在普林斯顿大学、康奈尔大学、麻省理工学院和哈佛大学任教。尽管著作不多，但其在西方学术界影响甚大，1999年他获得美国总统比尔·克林顿颁发的总统自由奖章。1951年发表《用于伦理学的一种决定程式的纲要》后，他专注于社会正义问题，并潜心构筑一种理性的正义理论，陆续发表了《作为公平的正义》《宪法的自由和正义的观念》《正义感》《非暴力反抗的辩护》《分配的正义》《分配的正义：一些补充》等文。在此期间，罗尔斯着手撰写《正义论》一书，前后三易其稿，终成20世纪下半叶伦理学、政治哲学领域最重要的理论著作，1971年正式出版发行。罗尔斯的著作还包括《政治自由主义》《万民法》《道德哲学讲演录》《作为公平的正义——正义新论》等。

第十七章

自由至上主义

——对话哈耶克

引　子

亚当·斯密因创立自由市场理论而名垂千古，凯恩斯因强调政府干预对于经济运行的特殊作用而声名鹊起。哈耶克的理论无疑是对亚当·斯密自由主义理论的继承，更是对凯恩斯主义的反动。读哈耶克的书，有时候有一种听大学生辩论会的感觉，他的好多观点似乎就是为辩论而辩论，为标新立异而标新立异，为理论而理论。不过，我也并不讨厌这种做法，理论思维毕竟就是理论思维。理论创作，就是从某一个独特的角度来观察和解释世界，因此，它需要彻底化，需要极端，也需要必要的偏激。但实践尤其是政治实践就不一样了，政治实践需要一种“平行四边形”精神，这种精神就是要善于平衡各种水火不容的思想，并超越而行之。

一　维特根斯坦的远房舅舅

记者：

听说您是在19世纪的最后一年出生的，好像不到1周岁就跨了2个世纪？

哈耶克：

准确地说，我是在1899年5月8日这一天出生的，至于是上午还是下午，还是夜里凌晨，我就不知道了。我的故乡是维也纳。

记者：

维也纳，1900年左右是世界上最大的城市之一，是世界的音乐之都，贝多芬、莫扎特、海顿和舒伯特都曾经在这里生活过，创作过。很多世界名曲就诞生在这里。

哈耶克：

维也纳很长一段时间内是神圣罗马帝国的首都，后来先后成为奥匈帝国和奥地利的首都，这里是日耳曼语世界的文化中心。

记者：

据说希特勒也出生在这里？

哈耶克：

是的。犹太复国主义政治运动的创始人西奥多·赫茨尔也出生在这里。

记者：

有意思。听说您的家族是一个贵族家族，您的亲戚里肯定有很多名人雅士吧？

哈耶克：

好多亲戚当了不大不小的官，但我对这些不感兴趣，真正让我自豪的是家族中出了一位名扬世界的哲学家。

记者：

谁？

哈耶克：

路德维希·维特根斯坦。

记者：

一个改变了哲学发展方向的哲学家，连伯特兰·罗素都不得不对他佩服有加。他的书很难看，他把哲学定为语言分析工具，在世界范围内影响很大。当然，我不认可他的哲学，他的哲学太关注细枝末节，视野非常狭窄。还有，如果把哲学仅仅界定为语言分析工具的话，那哲学的处境就太过凄惨了，这时候的哲学就等于不存在了，也就等于宣告了哲学的死亡。

哈耶克：

看来你对他印象一般嘛。

记者：

那在您的印象中，他是一个什么样的哲学家呢？

哈耶克：

维特根斯坦是我的远方外甥，亲戚关系并不近。我们两人大概是在1918年左右认识的。那年，维特根斯坦在奥地利军队服役，我恰好也在那里服役。我印象中是在一个火车站见到维特根斯坦的。这个家伙绝对是一个英俊、文雅的小伙子。在我的记忆中，我的外祖父家曾经在奥地利新瓦尔德克郊区附近租赁了一个瑞士风格的村屋，维特根斯坦家就住在那里。维特根斯坦家族里的人经常从他们的乡间别墅里跑出来，喊我妈妈的几个妹妹一起打网球。两家处得很融洽。

记者：

维特根斯坦给您留下的最深印象是什么？

哈耶克：

维特根斯坦是一个不折不扣的学者，对一切都具有疯狂的求真激情。

记者：

这意味着什么？

哈耶克：

像他这样的人，不仅以讲真话为天职，而且一旦离开真理就无法生存下去，而对任何虚伪都恨之入骨。

记者：

这个个性好特殊啊。

哈耶克：

维也纳的知识分子们绝大多数都是如此，包括我在内。

二　当个教授真高贵

记者：

您一生中有很多机会可以在很多方面发展自己，但您对当个学者教授好像情有独钟。

哈耶克：

这可能与我的几位长辈的影响有很大关系。

记者：

说说看。

哈耶克：

我的祖父在维也纳帝国中学教了30年的自然科学，他写过好多有关生物学方面的著作，有的还很有名气。我曾经到维也纳大学查过，我祖父写的书主要有《1869年在英国“箭猪号”军舰上进行的深海调查》《维也纳地理概要》，还有《制药厂动力图解》等等。

记者：

好厉害。

哈耶克：

我外祖父也是一个大学问家。

记者：

他写过书吗？

哈耶克：

我的外祖父是一个很有名气的经济学家和统计学家，不然他是进入不了奥地利政府工作的。听说你曾经在中国的最高政府机关工作过，你应该理解这一点的。

记者：

是的。

哈耶克：

至于他的著作，我一下子回想不起来了。

记者：

听说您的父亲虽然工作于维也纳市卫生局，但却对植物学非常感兴趣。

哈耶克：

是的。这是他从童年时代就开始养成的爱好。据我了解，我父亲搜集的植物干燥标本就有7.5万到10万件之多。这些标本是我父亲从中欧、斯堪的纳维亚、法国、突尼斯、希腊、埃及等地搞到的。我的父亲文学修养也很厉害，莎士比亚的戏剧、席勒的诗，如《钟之歌》，我的父亲是张嘴就来。我的父亲一生最大的梦想就是在大学里当个教授，他曾经在维也纳大学担任兼职植物学讲师，还编过一本书，书名叫做《外国标本》，但终究没有当上教授，这是我父亲心中永远的遗憾。受我父亲的影响，我一生都深信能当上大学教授是最高贵的事情。

记者：

您不仅当上了大学教授，还获得了诺贝尔经济学奖，成为教授中的教授，多高贵啊。

哈耶克：

是的。

三　从费边社会主义到自由市场主义

记者：

毫无疑问，您与我一样，或者说，我与您一样。

哈耶克：

具体体现？

记者：

都是书生。

哈耶克：

据我了解，你还是个商人，除了搞学问外，你还一天到晚到处跑生意。

记者：

没错。您是体制内的教授，政府按时给您发工资。我是体制外的书生，没有人给我发工资。我得养活自己，不得不到处找生意。

哈耶克：

我理解。

记者：

我问您，既然是个书生，肯定爱书如命了。就您一生而言，哪些书对您的思想影响最大？

哈耶克：

两本书，一本书是我的同胞路德维希·冯·米塞斯写的《社会主义》，一本是门格尔写的《国民经济学原理》。尤其是前者，正是这本书，让我从一位费边社会主义者转变为一个自由市场主义者。

记者：

费边、费边社会主义？这些名词都是怪怪的，希望您认真解释一下。

哈耶克：

好。费边，古罗马的政治家、军事家，全名为“拖延者”昆图斯·费边·马克西穆斯·维尔鲁科苏斯，出生于约公元前280年，死于约公元前203年，他曾经5次当选为执政官，两次出任独裁官，并担任过监察官。费边以在战争中采用拖延战术对抗汉尼拔，挽救罗马于危难之中而载入史册。

记者：

那费边社会主义是什么意思呢？

哈耶克：

无非是以费边的名字命名的一种主张而已。

记者：

具体意思是什么？

哈耶克：

这是19世纪后期，流行于英国的一种主张采取渐进措施对资本主义实行改良的资产阶级社会主义思潮。它是英国费边社的思想体系和机会主义路线。1884年一部分知识分子创立了费边社，该社成员认为社会改革应循序渐进，故以费边的名字命名社名。其学说也因此被称为“费边社会主义”，简称“费边主义”。主要观点是：提倡阶级合作、社会和平，反对无产阶级革命和专政；主张通过民主选举建立地方自治市政机关，逐步掌握煤气、电力、自来水等公共事业所有权，运用温和渐进的方法和一点一滴的改良，实现社会主义。

记者：

您的意思是说，在您接触到米塞斯的《社会主义》之前，您是一个社会主义者，您支持凯恩斯的国家干预理论，您支持要诉诸政府去干预经济生活。

哈耶克：

是这样。

记者：

但在看了米塞斯的《社会主义》之后，您就变了，变成一个自由主义者，变成一个市场主义者了？您就对政府干预经济的做法开始进行批判了？

哈耶克：

没错。第一次世界大战爆发以后，整个西方世界陷入一片萧条之中，我们这些深陷其中的青年人无不感到绝望，绝大多数人都认为那个带给我们无限遐想的民主世界彻底崩溃了，而唯有用不得不抛弃个人自由的社会主义来改朝换代，我们才能走出绝望的泥潭。就在这个时候，米塞斯的《社会主义》出版了，这本书告诉我们，民主世界、自由世界并没有死亡，它完全可以在自我调节的基础上重新崛起。因为唯有自由、唯有民主才是最值得珍惜的价值。

记者：

于是您就成了现在的您？

哈耶克：

是的。就是这样。

四 自由乃免于被强制

记者：

您在上面的谈话中，提到自由这个名词，我不知道您是在什么意义上使用这个词语的。

哈耶克：

对自由这个名词，可以从两个角度进行理解。

记者：

哪两个角度？

哈耶克：

一个是“积极的”角度，自由就意味着一个人可以根据自己的意愿随意去做一些事情。一个是“消极的”角度，自由就可以定义为“一个人不受制于另一个人或另一个人因专断意志而产生的强制状态”。

记者：

那您到底是从哪个角度来使用这个词汇的呢？

哈耶克：

我的自由观属于一种消极的自由观，也就是第二种理解方式。

记者：

那就我理解，您心目中的自由就是免于被强制，是不是？

哈耶克：

应该是这样。所谓强制，就是指一个人的处境自己控制不了，而是被别人所控制，于是乎为了避免更大的危害，此人就必须放弃自己的某些行动计划，而不得不服从强制者的安排。

记者：

那您为什么不去从积极的角度使用自由这个名词呢？这是不是与您常说的“自生自发秩序”有关呢？

哈耶克：

你不仅提出了问题，而且帮我找到了答案。

五　自生自发秩序

记者：

在我看来，何谓秩序？秩序就是借助人的理性和力量而建立起来的一种社会结构而已。而您却认为这种秩序是自生自发的，如何解释？

哈耶克：

根据秩序之由来，我们可以把秩序分为两种，一种是根据人的理性和人的有意识行为而形成的秩序，我把这种秩序命名为“建构型秩序”。

记者：

说细点。

哈耶克：

建构型社会秩序理论的代表人物是笛卡尔、卢梭等人。

记者：

苏格拉底、柏拉图、边沁、罗尔斯似乎也是这种类型的人。

哈耶克：

差不多。这些人都是伟大的理性主义者，也是伟大的浪漫主义者，他们相信人的理性是伟大的，是无所不能的。因此，一切人间美好的东西都是可以诉诸理性设计出来。在这些人的眼中，社会、国家、政治、文化乃至人性，都是可以进行周密设计的工程项目，只要人类不偷奸耍滑，只要人类用心运作，这些工程项目可以做到尽善尽美的。一句话，一切都可以进行设计，依据这种主观设计而形成的秩序就是我所提到的“建构型秩序”。

记者：

您不以为然？

哈耶克：

我是不以为然，理性固然是人类最宝贵的财富，但人的理性并不是万能的。如果我们相信理性可以成为自己的主宰，可以控制它自身的发展，则恰恰可能毁灭理性。

记者：

有一点道理。

哈耶克：

个人的理性都有着自身不可避免的局限性，社会秩序不可能经由人的理性而构建起来的，而只能是不断进化而非设计的产物。换言之，所谓“自发秩序”就是不同的个人为实现各自的目的而自发形成的社会秩序。“自发秩序”形成的一个先决条件就是个人享有不受他人限制的自由，否则个人将很难按照自己的意图行动。因此，只有在免于强制的情况下，个人的活动才能赋予文明以极大的创造力，才能赋予社会以进步的能力，从而促进“自发秩序”的形成和发展，而这才是自由的最大价值之所在。

记者：

您的思想似乎很具有原创性啊！

哈耶克：

你不用恭维我，我清楚得很，我的思想是从休谟、亚当·斯密和苏格兰的一些历史学家那里集成来的。好多东西并非我的原创。

记者：

您毫无疑问是自由主义理论的集大成者。

哈耶克：

可以这么说。

记者：

所以您说自由的最大敌人来自于强制性的权力，而要保障自由，就必须对强制性的权力进行必要的制约。

哈耶克：

是的。

六　法治下的自由主义

记者：

那如何对权力进行制约呢？

哈耶克：

首先是法治，核心是宪政。

记者：

具体怎讲？

哈耶克：

所谓法治，就是依靠根据人民的意志制定出来的法律来对权力进行制衡和约束，这里面包含两方面的内容：一方面就是要有好的法律，你知道，法律是由人民选举出来的一部分人制定的，这些人虽然是受人民的委托，但在具体的立法活动中，许多立法往往会侵犯人民的自由。因此，为了防范这种权力的被滥用，就必须对立法机关进行必要的监督和制约，并对这些人滥用立法权肆意侵犯公民自由的行为进行惩罚。

记者：

那么人民依据什么标准来对立法活动进行监督和约束呢？

哈耶克：

那就是宪法，至高无上的宪法。

记者：

另一个方面是什么呢？

哈耶克：

另一方面就是立足宪法和法律来规范政府机关的行为，宪法和法律的作用就是合理明确“公域”和“私域”的界限。在“私域”中，个人享受着绝对的自由，政府的任何权力都不适用这些领域；而在“公域”范围，政府机关必须依照明确的法律授权才可以行使权力，否则就是违法的，严重地说就是违宪的。宪政与法治的精髓就是人人平等、人人自由，我们按照法律的精神而行动时，我们就是在按照自己的意志在行动，并不是受到什么权力的限制和约束。

记者：

因而我们是自由的？

哈耶克：

是的，这就是法治下的自由。

七　让地方政府成为“半商业化法人”

记者：

很多人特别注意研究中央政府，而极少研究地方政府的运作，您如何看待中央与地方的关系？

哈耶克：

我从1962年开始创作《法律、立法与自由》，一直到1978年才完成。我就是在这本书中研究这个问题的。

记者：

您的观点是什么？

哈耶克：

我的观点就是要不断强化地方政府，不断弱化乃至虚化中央政府。

记者：

具体点如何？

哈耶克：

第一，我主张把制定国家对内政策的权力下放给地方政府；第二，我主张把中央政府提供的大部分服务性功能下放给区域性或者地方性当局；第三，我主张把区域性或者地方性政府改造成为半商业性法人。

记者：

半商业性法人？

哈耶克：

首先它是一个商业性法人，也就是商业性公司，它可以为争取公民支持展开自由竞争；其次，它仅仅是一个“半”商业性法人，不是一个完全以商业指标为目标的公司。

八　关于里根与撒切尔夫人

记者：

您的理论影响很大，美国总统里根、英国“铁娘子”撒切尔夫人都说您是他们的导师。尤其是撒切尔夫人公开承认她是您的信徒。

哈耶克：

里根总统和撒切尔夫人都是了不起的政治人物，他们都倾向于诉诸市场，而不是诉诸政府来发展经济，我对他们的做法是赞成的。

记者：

不过我很少看到您评价这些政治家。

哈耶克：

在我的一生中，我很少把政治家们当一回事，我对现代政治家们的总体评价都是一般化。不过，对里根和撒切尔夫人，我认为他们在这个时代所能允许的条件下是做得最好的。

九　容忍多元方得进化

记者：

瑞典经济学家纲纳·缪达尔与您分享了1974年的诺贝尔经济学奖，据说他是一位社会主义者，也是一位政治人物。他后来曾经提议取消诺贝尔经济学奖，别人问其究竟，他说诺贝尔奖委员会竟然把经济学奖颁给像您这样的“反动派”。

哈耶克：

有这事。一个心胸狭窄的文人政客。

记者：

有没有什么政治背景？

哈耶克：

当然有，诺贝尔经济学奖是1969年才设立，这个奖要比诺贝尔和平奖、文学奖、医学奖、化学奖等晚 68 年。在我获奖的那个时间段，整个西方世界普遍信奉凯恩斯的经济学理论，他们都相信国家干预对于经济发展是至关重要的。这些人有一个共同点，都喜欢用数学和静态模型来研究经济，亚当·斯密主张的经济学理论则普遍遭到抛弃。而我的理论就是对亚当·斯密理论的忠实继承，所以我的理论在那个时代非常不受欢迎。我也曾经向凯恩斯的《货币论》发起挑战，但结果惨不忍睹，最后我成为一个无人喝彩的孤家寡人，只好落荒而逃。

记者：

是这样？如此严重？

哈耶克：

是的，所有与凯恩斯理论相左的理论都遭到封杀。在我之前获奖的经济学家都是计划经济的支持者，而我则是第一位获奖的自由主义经济学家。

记者：

不容易。

哈耶克：

我做梦也没想到我这样一个孤独的学者能获得诺贝尔奖，足见诺贝尔奖委员会的伟大与不容易。

记者：

说说看。

哈耶克：

诺贝尔经济学奖的资金是瑞典国家银行提供的，因此，对于有资格获奖的瑞典经济学家他们必须首先考虑，缪达尔就是一位。此外，对于我这样离经叛道的经济学家，如果给我颁奖，必然会遭到巨大的批评。于是这个委员会不得不搞平衡，最终把我与缪达尔放在一起分享这个奖项，可见他们的决断不容易，真是用心良苦。我很感谢诺贝尔奖委员会，正是他们如此宽容的态度，彻底改变了经济学的发展方向。今天经济学的发展，与诺贝尔奖委员会当时的决定有很大的关系。

记者：

应该是这样。学术上的宽容与容忍多元，对我们这个时代太重要了。

十　这是我的立场

记者：

如今您是一位具有世界级影响的思想家，但直到今天，中国人中真正了解您的人并不多。

哈耶克：

在全世界好多地方，我都不受欢迎，要不是苏联和东欧发生的事情，要不是那些所谓的共产主义国家所遭遇的大失败，我的学说早就被扔进历史的垃圾堆里去了。

记者：

如今，您的好多书都被翻译到中国了，但是人们对您的观点依然是反对的多，赞成的少。有些批评您听了会很不舒服的。

哈耶克：

不妨说说，每个人都有发表自己观点的绝对自由，再难听的话也比假话要好。

记者：

负责把您的著作翻译到中国来的译者之一——王明毅先生曾经对您做过如此评价：他说哈耶克“把集体主义、社会主义、极权主义和法西斯主义混为一谈，对各种社会主义思潮不加区别，是不符合历史事实的，反映了他在概念上的混乱和立场上的偏颇。特别应当指出的是，哈耶克基于自由主义的立场，对社会主义大加诬蔑，认为社会主义意味着奴役和独裁，攻击社会主义与纳粹主义有同样的思想基础，这是极端反动的。”

哈耶克：

他们有他们的立场，我有我自己的立场！

附：哈耶克简传

弗里德利希·冯·哈耶克（1899～1992年），20世纪西方著名的经济学家和政治哲学家，当代新自由主义思潮的代表人物，原籍奥地利，后于1931年迁居英国并于1938年获得英国国籍。哈耶克一生从事教学与著述，自上个世纪20年代以来，先后执教于奥地利维也纳大学、英国伦敦经济学院、美国芝加哥大学和西德弗莱堡大学等著名学府。1974年，哈耶克获得诺贝尔经济学奖。主要著作有：《货币理论和商业盛衰周期性》《价格与生产》《货币民族主义与国际稳定》《利润、利息和投资》《资本的纯理论》《通往奴役之路》《个人主义与经济秩序》《约翰·斯图尔特·穆勒和哈利特·泰勒》《科学的反革命》《感觉的秩序》《自由宪章》《法律、立法和自由》等。

致　谢

《大国论》历经三四年的打磨，终于要与亲爱的读者们见面了。这是我个人学术生活中的大事，我很激动！最重要的话我必须在这里说说。

古人崇尚“立德”“立行”“立言”，其实不管“立”什么，都必须付出艰辛的劳动和心血，同时，也离不开那些关心你、支持你的人的真诚呵护。所谓的“著书立说”几乎耗尽了我所有的时间和精力，妻子魏晓莉、女儿李瑞琪毫无怨言地支持我的工作，承担了家里所有的事情。每思及此，我感到十分的愧疚。遗憾的是，我已迷上了这个“事业”，几乎“走火入魔”。真希望哪一天我能幡然悔悟，立马“回到”世间，为她们多做点事情，以弥补一下自己的亏欠。

世界知识出版社是一家了不起的出版社，它对开放思想的欣赏，对多元文化的推崇，给我留下了深刻的印象。此外，我还必须向我出版界的朋友王继雄先生表达敬意，他对本书所投入的心血决不是我三言两语能说得清楚的。好人终有好报，衷心感谢他为我所做的一切！

作　者

2016 年 8 月 22 日